Sammlung der Zeitzeugen

Schäfers Tochter
Die Geschichte der Frontschwester Erika Summm
1921–1945

Erika Summ, geb. Erika Ohr, geb. 1921 in Stachenhausen, Kreis Künzelsau im Hohenloher Land als Tochter eines Schäfers. Volksschule in Niedersteinach, danach Landdienst bei einem Bauern. 1937–1940 Pfarrköchin in Ruppertshofen, Kreis Crailsheim. 1940–1942 Ausbildung als Krankenschwester beim DRK in Stuttgart. 1942 Einberufung zum Kriegseinsatz an der Ostfront, Rotkreuzschwester in einem Lazarett in Shitomir (heutige Ukraine). 1943–1945 Rückzug des Lazaretts über Polen, Ungarn, die Slowakei und Tschechien. Mai bis Juli 1945 in amerikanischer Gefangenschaft. 1945–1952 Operationsschwester in Sindelfingen und Marbach am Neckar. Nach der Heirat mit Werner Summ in Sindelfingen Hausfrau und Mutter. Großes soziales Engagement. 1982 Verdienstmedaille des Verdienstkreuzes der Bundesrepublik Deutschland. 1992 Niederschrift der Lebensgeschichte. 2002 Lesung aus ihren Aufzeichnungen im Rahmen des Projekts »Frontschwestern und Friedensengel« der Universität Osnabrück. Erika Summ ist verwitwet, hat zwei Kinder, einen Enkel und lebt in Sindelfingen.

Sammlung der Zeitzeugen

Schäfers Tochter

Die Geschichte der Frontschwester Erika Summm 1921–1945

Herausgegeben von Jürgen Kleindienst

Zeitgut Verlag

Die im Buch veröffentlichten Abbildungen und Dokumente stammen aus dem Privatbesitz der Verfasserin. Abbildungen Seiten 25, 32, 37 Paul Hommel, Künzelsau; Seite 28 Alfred Dittmann, Uissigheim-Baden, Seite 38 W. Baumann, Kirchberg/Jagst.

Bibliografische Information der Deutschen Bibliothek
Die Deutsche Bibliothek verzeichnet diese Publikation in der Deutschen Nationalbibliografie; detaillierte bibliografische Daten sind im Internet über http://dnb.ddb.de abrufbar.

Sammlung der Zeitzeugen, Band 55
Verlag: Zeitgut Verlag GmbH, Berlin
Klausenpaß 14, 12107 Berlin
Telefon 030 - 70 20 93 0, Telefax 030 - 70 20 93 22
E-Mail: info@zeitgut.com
www.zeitgut.com
Herausgeber: Jürgen Kleindienst
Lektorat: Susanne Reinhold, Berlin
Printed in Germany
ISBN 3-86614-108-4

Inhalt

2. Teil
Schwesternausbildung, Frontschwester, Heimkehr
1940–1945

Vorwort

Wir hatten unser Forschungsprojekt zum Thema »Frontschwestern und Friedensengel – Kriegskrankenpflege im Ersten und Zweiten Weltkrieg« an der Universität Osnabrück gerade begonnen, da erhielt ich eines Tages einen Anruf aus Sindelfingen: »Ich war auch eine Frontschwester.«

Am Telefon meldete sich Erika Summ. Sie hatte von unserem Projekt durch ihren Sohn erfahren und wollte uns zu einem Jahrestreffen ihrer ehemaligen Sanitätseinheit einladen. Unsere Forschungsgruppe machte sich also auf nach Sindelfingen. Dort lernten wir Erika Summ als eine Frau kennen, die uns durch ihre offene, liebenswürdige und herzliche Art bezauberte.

Sie hatte Fotos aus ihrer Zeit als Lazarettschwester in den Jahren 1942 bis 1945 mitgebracht. Nach langem Zögern zeigte sie uns auch ihre Aufzeichnungen, die sie nach dem Tode ihres Ehemannes angefertigt hatte – um sich abzulenken und um Sohn und Tochter ein Stück ihrer Geschichte zu hinterlassen.

Ich nahm das Manuskript zur Hand und begann darin zu lesen. Die Erinnerungen waren spannend geschrieben und so lebendig wie die Frau, die vor uns stand. Wir durften die Aufzeichnungen mitnehmen, um sie in Ruhe anschauen zu können – und das habe ich auch auf der langen Rückreise im Zug getan.

Erika Summ erzählt darin von ihrer Kindheit und Jugend in Stachenhausen im Hohenloher Land, der harten Zeit als Dienstmädchen in Niedersteinach und ihrer Anstellung als Pfarrköchin in Ruppertshofen. Weiter schreibt sie über ihre Ausbildung zur Rotkreuzschwester am Katharinenhospital in Stuttgart – damals außergewöhnlich für ein »Landmädel« –, der sie zum Einsatz an der Ostfront im Zweiten Weltkrieg führte. Der Kreis schließt sich mit ihrer Heimkehr nach Künzelsau.

In die Aufzeichnungen eingefügt waren Fotos und Dokumente, die sie bei der Arbeit und in der Freizeit zeigte. Als ich ihre Lebensgeschichte zu Ende gelesen hatte, wusste ich, dass es sich lohnen würde, diese auch einer breiteren Öffentlichkeit zukommen zu lassen. Das ist nun geschehen und ich freue mich darüber.

Doch worum geht es in diesem Buch eigentlich?

Es ist eine Geschichte, die in vielem typisch ist für eine Generation, die sich wohlgemut auf den Weg ins Leben machte und in eine der großen Katastrophen des vergangenen Jahrhunderts geriet: den Zweiten Weltkrieg. Es ist die Geschichte einer Frau, die immer wieder, ob als Pfarrköchin oder Krankenschwester, in der Überzeugung handelte, dass man ein Gegengewicht zu Gewalt und Zerstörung errichten muss – nicht durch große Taten, sondern in der alltäglichen Arbeit, durch die Fröhlichkeit und den Lebensmut, den man weitergeben kann.

Damit vermittelt das Buch eine Erfahrung an die kommenden Generationen, wie man auch im Angesicht von Tod und Zerstörung menschlich und lebendig bleiben kann.

1998 reiste Erika Summ zusammen mit fünf ehemaligen »Frontschwestern« ein zweites Mal nach Shitomir – an den Ort in der Ukraine, an dem die Schwestern während des Zweiten Weltkrieges im Lazarett lebten, arbeiteten und einen Teil ihrer Jugend opferten. Erinnerungen mischten sich mit neuen Eindrücken. Die Menschen dort begegneten der Gruppe der Deutschen Kriegsgräberfürsorge, die zur Einweihung eines Soldatenfriedhofes gereist war, nicht immer freundlich. Auch sie hatten, wie Erika Summ sagt, »im Krieg sehr gelitten und ebenfalls Familie, Väter und Söhne verloren«.

»Der einzelne Mensch«, so Erika Summ weiter, »will keinen Krieg, aber die Mächtigen wollen oder können nicht verhandeln, also wird zerstört, geraubt und geplündert.« Dieser Erkenntnis ist auch heute kaum etwas hinzuzufügen.

Osnabrück, Januar 2006

Dr. phil. Birgit Panke-Kochinke
Privatdozentin am Institut für pflegewissenschaftliche Gesundheits- und Bildungsforschung, Universität Osnabrück

Einleitung

Oft schon haben mich meine Kinder, viele Freunde und Bekannte gebeten und aufgefordert, doch über meine Lebensgeschichte etwas aufzuschreiben – dies habe ich nun getan. Ob es mir gelungen ist, weiß ich nicht genau. Es sind so viele Stationen, die ich durchwandert habe seit meiner Geburt am 8. August 1921 in dem kleinen Dorf Stachenhausen im Kreis Künzelsau.

So manche Erinnerung ist erst beim Schreiben wieder aufgetaucht. Dabei habe ich gemerkt, dass ich auch einige Bilder beifügen muss, damit meine Geschichte lebendiger wird, auch für jüngere Leser. So fing ich an, einige Dokumente aus längst vergangener Zeit beizulegen. Sie waren mir beim Stöbern im Schrank in die Hände gefallen. Auch alte, teilweise vergilbte Notizen und Gedichte von Soldaten steckten dazwischen – das alles ist nun in diesem Buch.

Mögen meine Kinder später ruhig über Mutters Sammelsurium lächeln! Für mich war das nochmals eine ganze Wegstrecke zurück in meine Jugendzeit, die so hart war und doch sehr lebenswert.

Sindelfingen, Januar 2006

Erika Summm

Achtung! Achtung!
Scharfschützen-Gesellschaft
ab
's Kaffeebäs

1. Teil

Kindheit und Jugend im Hohenloher Land 1921–1940

Unser Haus in Stachenhausen im Hohenloher Land. Mutter mit mir (links) und meinen beiden Geschwistern, Karl und Frida, 1929.

Mein Vater und unsere Cousine Thea Pröger aus Dresden nach der Schafschur in Cröffelbach, 1936.

Meine Familie

Der Sommer 1921 soll heiß gewesen sein und für meine Eltern sehr schwer. Das Wasser war knapp; wegen der Trockenheit reichte der Wasserdruck in den Leitungen nicht mehr bis zu unserem Haus oben am Berg. Vater und Mutter mussten es täglich mit Eimern vom Dorfbrunnen hochtragen. Jeden gebrauchten Tropfen sammelten sie wieder für unseren Garten am Haus, damit Gurken, Bohnen und Kraut nicht der Hitze zum Opfer fielen. Damals haben viele Leute ihr Gemüse selbst gepflanzt, nicht nur bei uns in Stachenhausen. Die meisten waren arm, der Erste Weltkrieg lag erst drei Jahre zurück.

Mein Vater war Schafhalter. Er hatte eine eigene Herde mit Muttertieren und Lämmern, die er jeden Tag auf die Weide brachte. Meist zog er acht bis neun Stunden auf dem freien Feld umher, bei jedem Wetter. Begleitet wurde er von zwei treuen Hunden, denn ohne die kann ein Schäfer seine Herde kaum zusammenhalten. Er braucht aber auch ein gutes Leittier, dem die anderen Schafe bedingungslos folgen.

Vater war ein guter Mensch, gottesfürchtig und treu. Zur Kirche kam er jedoch selten, denn am Sonntagmorgen zum Gottesdienst war er schon längst bei seiner Herde und folgte dort seiner Pflicht – nennen wir es Feldgottesdienst bei den vielen Tieren, die man ihm anvertraut hatte. Vater war damals schon »Landschaftspfleger«. Wenn die Wiesen nach Wintern mit wenig Schnee ausgetrocknet waren oder eine Mäuseplage herrschte, baten ihn die Bauern: »Johann, zieh mit deinen Schafen über unseren Klee«. Die vielen dünnen Beine traten dann die Mauselöcher und -gänge zu. Auch Vaters Wetterkenntnisse waren in Stachenhausen hoch geschätzt. Er beobachtete seine Herde und den Himmel gut und konnte oft schon Tage vorher sagen, ob Regenfronten oder Gewitter heranzogen. Das mussten die Bauern zum Beispiel vor der Heuernte wissen, damit sie alles trocken in die Scheune brachten.

Mutters Aufgabe war es, im Haus und auf dem Hof nach dem Rechten zu sehen, damit alles wächst und gedeiht. Sie

Mein Vater Johann Obr. Im Winter trugen die Schäfer einen Vollbart wegen der Kälte, um 1929.

versorgte die Hühner, die Katzen, junge Hunde und drei Mutterziegen mit ihren Zicklein. Dazwischen lief der kleine Karl herum, ihr Sohn.

Das war also meine Familie. Ich sollte mich im September dazugesellen, aber durch die große Sommerhitze und die Wasserknappheit kam es anders. Die Belastung für meine Mutter war zu groß und obwohl Vater ihr bei der Arbeit half, kam ich über einen Monat zu früh auf die Welt.

Am 8. August 1921 ging Vater um halb zehn zu seinen Schafen im Gewand Steudle. So früh musste Mutter bereits das Mittagessen gekocht haben, denn Vater wollte es auf das Feld mitnehmen – erst dann konnte sie an die weitere Arbeit gehen. Wie so oft in diesem Sommer trug sie das beim Essenkochen gesammelte Wasser hinaus in den Garten – zuerst sieben Stufen am Haus hinunter, dann am Garten wieder drei Stufen hoch zum Gurkenbeet. Doch auf dem Rückweg war diesmal etwas anders. Sie bekam plötzlich Schmerzen im Leib. »Das ist zu früh«, war ihr erster Gedanke. »Wo gibt es Hilfe?« der nächste. Sie rief ihre Nachbarin, die noch etwas weiter oben

Meine Mutter Friederike Ehrenfried. 1910 war sie als Herrschaftsköchin in Heidelberg angestellt.

am Berg wohnte. Sofie hörte sie zum Glück. Als Mutter von fünf Kindern erkannte sie die Situation sofort. Sie half meiner Mutter ins Bett, nahm den kleinen Karl auf den Arm und machte sich auf die Suche nach meinem Vater draußen auf dem Feld.

Unterwegs traf Sofie einen anderen Nachbarn, den Zimmerjörgs Johann, und bat ihn, die Hebamme aus dem Nachbardorf Dörrenzimmern zu holen. Johann schnappte sein Fahrrad und radelte los. Aber die Geburtshelferin war nicht zu Hause. Er suchte weiter nach ihr auf den Äckern in der Nähe, bis er sie schließlich gefunden hatte. Sie musste sich aber erst noch umziehen. Mit der Tasche für Geburtshilfe in der Hand hatte sie nun noch über drei Kilometer zu meiner Mutter zu marschieren.

Daheim lag Mutter allein in ihren Wehen. Endlich kam Sofie zurück und leistete ihr so lange Beistand, bis mein Vater erschien. Er musste ja erst seine Herde zusammentreiben und wieder zurück in den Pferch sperren. Das hatten die Schafe nicht begreifen wollen, gerade jetzt, wo sie so gutes Futter auf den frisch abgeernteten Feldern fanden.

Dann tauchte auch die Hebamme mit Johannes auf. Sie merkte schnell, dass dies keine normale Geburt werden sollte. Deshalb eilte sie zum Gasthaus »Post« und ließ dort nach dem Arzt aus Künzelsau rufen. Der hatte bereits ein Auto, mit Vollgummi-Bereifung! Den Wagen konnten meine Eltern schon von weitem hören.

Mit vereinten Kräften bin ich dann doch noch zur Welt gekommen – per Zangengeburt, und das bei einer Hausentbindung.

Als Acht-Monats-Kind verlief meine »Aufzucht« nicht gerade komplikationslos. Die Milch meiner Mutter reichte nicht und das Zufüttern vertrug ich nicht: Ob Kuh- oder Ziegenmilch – das meiste kam wieder zurück. Aber ein altes Sprichwort sagt: »Speikind, Gedeihkind«. Mit Haferschleim und sehr wenig Milch überlebte ich gerade so. Mein Vater und meine Mutter waren froh, nun zwei Kinder zu haben, denn mit 38 und 37 Jahren zählten sie nicht mehr zu den jüngsten Eltern.

Zwei Jahre später, im Mai 1923, bekam unsere Familie nochmals Zuwachs; diesmal gleich Zwillinge, ein Junge und ein Mädchen. Doch mein kleiner Bruder verstarb schon nach einer Woche an einer Lungenentzündung. So blieb uns nur meine kleine Schwester Frida. Das Brüderchen hieß Friederich, unsere Nachbarin Sofie Fix hat es notgetauft. Seine Grabstelle in Dörrenzimmern besuche ich noch heute, auch wenn das Grab schon lange wieder belegt ist.

Mein Vater Johann Ohr hatte sechs Geschwister. Auch sie waren alle Schäfer. Sie lernten den Beruf bei ihrem Vater, meinem Großvater Friedrich Ohr, bis sie zu einem anderen Arbeitgeber weitergingen. Arme Großmutter: Die vielen Hem-

Hochzeit meiner Eltern in Belsenberg, 1919. Damals heiratete man in Schwarz! Links Tante Marie Pröger aus Dresden mit meinen Cousinen Thea (außen) und Erika, daneben meine Großeltern väterlicherseits. Neben dem Brautpaar sitzt das Ehepaar Karle (die Eltern meiner Mutter waren damals bereits gestorben). Rechts außen Onkel Fritz, links außen stehen Rösle und Georg Jakob.

den und Hosen der acht Männer zu richten war sicher eine schwere Arbeit. Sechs der sieben Brüder waren im Ersten Weltkrieg. Zwei sind in Flandern gefallen, zwei waren in englischer Gefangenschaft auf der Insel Man – dort hatten sie die Schlachterei erlernt und kamen 1919 nach Hause zurück. Gottlieb, der Jüngste, starb als junger Mann an einer schweren Grippe zu Hause, kurz vor Ende des Ersten Weltkriegs.

Die Söhne meiner Großeltern väterlicherseits hießen Friedrich, Johann – das war mein Vater –, Christian, Karl, Georg und Wilhelm – beide gefallen – sowie Gottlieb. Vater und erstgeborener Sohn trugen damals meist denselben Namen. Das hatte einen ganz praktischen Grund: Der Erstgeborene übernahm in der Regel den Hof und so konnte er die mit den Anfangsbuchstaben des Vor- und Familiennamens markierten Futter- und Getreidesäcke und Gerätschaften einfach weiterbenutzen.

Das Haus meiner Großeltern Friedrich und Margarete Ehrenfried in Belsenberg, 1909.

Meine Großeltern mütterlicherseits hatten zehn Kinder, der Reihe nach: Friedrich – er starb mit 27 Jahren an einer Rippenfellentzündung –, Marie, Margarete – sie wanderte nach England aus –, Wilhelmine – sie starb mit 30 Jahren an einer schweren Grippe –, Friederike – meine Mutter –, Gustav – er wanderte ebenfalls nach England aus –, Johann, Rösle, Heinrich und Wilhelm, der im Ersten Weltkrieg an der Somme vermisst gemeldet wurde. Großvater Friedrich Ehrenfried war Bauer und Weingärtner in Belsenberg, Kreis Künzelsau. Dort arbeiteten auch Mutter und Rösle mit, bis sie jeweils heirateten.

Das alte Elternhaus steht heute noch. Ich konnte es einigen meiner Cousins und Cousinen zeigen, die jetzt im Ausland leben. Eine so große Familie verstreut sich ja nicht nur bis ins Nachbardorf; mancher hat, oft aus der Not heraus, sein Bündel geschnürt und ist weiter weggegangen – sogar über den Kanal nach England.

Kindheit auf dem Lande

In meiner frühen Kindheit spielte ich oft mit den Nachbarskindern. Eines von ihnen war Martha »Martl« Schober. Ihre Eltern besaßen Kühe und zwei schöne Pferde mit langen Schweifen und schönen Mähnen. Die Pferde hatten im Sommer wegen der Fliegen bunte Ohrenschützer auf, das sehe ich noch sehr lebhaft vor mir.

Bei Schobers hielten wir uns gerne neben dem Garten auf, in dem rings um den Zaun Dahlien in herrlichen Farben blühten. Oben in der Ecke stand eine Türkische Kirsche, oder Maraskakirsche, mit großen, gelben Früchten. Wenn sie reif waren, mussten wir aufpassen, dass uns die beiden Schwestern von Martl beim Stibitzen nicht erwischten. Von den Kirschen sollte ja für den Winter etwas eingekocht werden. Rosa und Karoline, so hießen die beiden Geschwister, waren älter und größer als wir. Manchmal verscheuchten sie uns. So spielten wir eben am »Gänsebuckele« weiter, bis die beiden zum Melken in den Stall gerufen wurden. Dann war die Luft wieder rein. Wenn es im Herbst kühler wurde, zogen wir uns mit den anderen zurück, ins Haus oder auch in den Stall und halfen dort beim Füttern.

Das alte Bauernhaus der Schobers barg viele Geheimnisse. In der Küche stand ein wuchtiger Backofen, daneben der tiefe Backtrog, in dem der Teig für das Schwarzbrot geknetet wurde. Dazu kam der große Herd mit riesigen Töpfen darauf, die einfach in die Feuerringe über der Glut eingehängt wurden. Täglich musste die Holzkiste aufgefüllt werden, wo wir Kinder schon bald helfen konnten. Zur Belohnung erhielten wir ein Glas Milch und ein Stück Brot mit Himbeermarmelade. Der große Eisenofen für die Stube wurde vom Schlafzimmer aus geheizt. Der knackte und bullerte so schön und gemütlich. Im Ofen summten die Bettflaschen für die Mädchen und die Eltern.

Wenn unsere Mutter uns weder sah noch hörte, waren Karl und ich meist in einem Stall bei den Nachbarn. Frida konnte da noch nicht mit. Wir zwei Großen um die fünf

Vater Schober vor Haus und Scheune in Stachenhausen, meine beste Freundin Martha in der Mitte zwischen ihren Schwestern Karoline und Rosa, 1926.

mussten immer wieder auf die Dreijährige aufpassen, bis Mutter die Ziegen gemolken hatte. Wenn Vater von der Weide kam, sollte das Abendessen fertig sein, denn er war ja fast den ganzen Tag mit seiner Herde unterwegs. Dann wurden noch die Hunde gefüttert, wobei wir schon sehr früh mit an die Hütte durften. Bald fanden wir heraus, welchen Hund wir streicheln durften und bei welchem lieber etwas Abstand angebracht war.

In und um unser Haus konnten wir vieles entdecken. Unter der Treppe befand sich ein kleiner Gänsestall, daneben ging es in einen Keller, der sehr dunkel war. Ganz hinten waren die Mostfässer und die Kartoffeln, dann kamen die Krautständer und eine Brothenge mit selbst gebackenen Brotlaiben. Auch wir hatten einen Backofen in der Küche, aber er war kleiner als der bei Schobers.

Das mit dem Backofen war im Winter prima. Mein Bett stand im Schlafzimmer hinter der Küche gewissermaßen an der Backofenwand – da konnte ich den Rücken und die Füße herrlich wärmen. Im Sommer war es dann zu warm und Mutter rückte das Bettchen etwas weg.

Ein weiterer Ofen stand zwischen der Stube und dem Schlafzimmer. Hinter diesem durften sich auch kleine Lämmer wärmen, wenn die Muttertiere krank waren oder zu wenig Milch gaben. Dann wurde mit der Flasche zugefüttert. Uns Kindern gefiel es, wenn so ein Lämmchen in der Stube herumwackelte. Leider war das meist nur für ein paar Tage, bis sie einer anderen Mutter untergeschoben werden konnten.

Zur Stube hin hatte der Eisenofen zwei Etagen. In der unteren konnte man kochen und auch Weißbrot oder Gugelhupf backen. Oben summten angenehm die Kupferbettflaschen oder ein Wassertopf. Ich spürte beim Hereinkommen allein schon durch das Summen die Wärme.

Eine warme Stube brauchte mein Vater, wenn er durchgefroren nach Hause kam. Oft brachte er auch die Hunde mit ins Haus, bis ihr Fell trocken war. Meist hatten wir langhaarige Schäferhunde. Die sahen zottig aus und waren recht widerstandsfähig. In der härtesten Winterzeit blieben die Schafe im Stall und wurden mit Heu gefüttert. Das kam vor allem im Januar vor, oft auch noch im Februar, wenn der Schnee hoch lag und strenger Frost herrschte. Dann konnten die Schafe den Schnee nicht beiseite scharren, um an das Gras zu gelangen.

In diesen Monaten musste unsere Mutter auch im Stall sehr viel mithelfen: Sie stockte das Heu auf und breitete immer wieder frische Streu aus. Das konnten aber auch bald wir Kinder mit unseren Freunden übernehmen.

Kindergebete

Nach dem Abendessen nahm Vater das Gebetbuch und las den Abendsegen. Genauso auch am Morgen nach dem Kaffee. Vor den Mahlzeiten wurde ein Gebet gesprochen: »Vater, segne diese Speise, uns zur Kraft und dir zum Preise. Amen.« Nach dem Essen ein Dankgebet: »Danket dem Herrn, denn er ist sehr freundlich, und seine Güte währet ewiglich. Amen.«

Ich wuchs in einem christlichen Haus auf, mit uns Kindern wurde abends und morgens gebetet. Sobald wir mitsprechen konnten, hörte Mutter uns nur noch zu oder half den Kleinen weiter, wenn sie ins Stocken gerieten.

Vor dem Gute-Nacht-Kuss fanden wir dabei noch schöne Minuten der Ruhe. Diese Gebete haben wir unter anderem gesprochen:

Ich bin klein, mein Herz mach rein,
soll niemand drin wohnen als Jesus allein.

Breit aus die Flügel beide,
o Jesu meine Freude,
und nimm dein Küchlein ein.
Will Satan mich verschlingen,
so lass die Englein singen,
dies Kind soll unverletzet sein.

Abends, wenn ich schlafen geh,
vierzehn Englein um mich stehn,
zwei zu meinen Häupten,
zwei zu meinen Füßen,
zwei zu meiner Rechten,
zwei zu meiner Linken,
zweie, die mich decken,
zweie, die mich wecken
zweie, die mich führen,
zu den Himmelstüren.

Kinderschule im Nachbardorf Orlach, 1938.

Weil ich Jesu Schäflein bin,
freue ich mich immerhin
über meinen guten Hirten,
der mich wohl weiß zu bewirten,
der mich liebet, der mich kennt
und bei meinem Namen nennt.

Unter seinem sanften Stab
geh ich aus und ein und hab
alle Tage frische Weide,
dass ich keinen Hunger leide.
Und so oft ich durstig bin,
führt er mich zum Brunnquell hin.

Sollt ich denn nicht fröhlich sein,
nun ich sein bin und er mein,
denn nach diesen schönen Tagen
werden Engel heim mich tragen
in des Hirten Arm und Schoß.
Amen, ja, mein Glück ist groß.

Hohenloher Land

Stachenhausen liegt in einer sanften Mulde auf der Hohenloher Ebene. Von mehreren Seiten drückt Quellwasser herein, durch das Dorf murmeln zwei Bäche. Darin fanden wir Kinder vieles zum Spielen, zum Beispiel bunte Scherben von zerschlagenen Schüsseln oder Krügen aus Keramik oder Porzellan. Manches wurde damals im Bach entsorgt; einer floss direkt hinter unserer Scheune vorbei. Rechts und links der Wasserläufe lagen die Bauernhäuser mit ihren großen Ställen und dem vielen Ackergerät auf den Höfen. Mitten im Dorf stand auch ein großer Brunnen, an dem die Pferde getränkt wurden.

An einem der Bäche stand eine kleine Transformatorenstation. Wenn Herr Pfeifer, der Pumpenwärter, dort hineinging, konnten wir Kinder das große Schwungrad mit dem breiten Riemen von der Tür aus sehen – das war ein großes Wunderding für uns. Wer offene Augen hatte, konnte auch damals vieles sehen und beobachten. Solch große Augen hatte ich wohl schon als kleines Mädchen. Für uns Kinder war es einfach schön, dort aufzuwachsen.

Wenn die Schafe im Winter Wasser brauchten, zog Vater mit seiner Herde hinunter zum Bach. Er schlug, wenn alles zugefroren war, einige Löcher ins Eis und tränkte seine Tiere. Die Hunde waren immer dabei. Hatten die Schafe genug Wasser getrunken, ging es wieder heimwärts zur Futterkrippe. Dabei hieß es für den Schäfer gut aufzupassen, damit kein Dauerlauf einsetzte, denn jedes Tier wollte zuerst an der Krippe sein. Die Futterraufen befanden sich außen an den Stallwänden. Auch in der Mitte stand eine, die den hungrigen Mäulern von zwei Seiten Platz bot. Dann folgte ein Drängen und Puffen und Stoßen und Boxen, bis jedes Schaf seine Portion Heu ergattert hatte und satt war. Nach einer Stunde hörte man nur noch leises Wiederkäuen. Viele Tiere lagen dann zufrieden in der zuvor erneuerten Streu. Die Schafe brauchten auch Salz, und so hatte Vater im Hof lange Tröge aufgestellt, in die einmal wöchentlich Viehsalz eingestreut wurde.

Stachenhausen bei Künzelsau zwischen den beiden Weltkriegen. Das Gebäude mit dem Walmdach in der Mitte ist unser Schulhaus.

Die Misthaufen der großen Bauernhöfe waren riesig und nahmen im Winter oft die Hälfte des Hofs ein. Einmal sagte ich zu einem meiner besten Freunde, er solle doch den Mist hinausfahren, ich wollte zuschauen. Doch der lachte nur, nahm mich auf den Arm und sagte: »Du fährst mit!« Wenige Tage später saß ich auf dem Mistwagen neben Hannes und fuhr mit aufs Feld. Dort wurde der Mist häufchenweise abgeladen, dann ging es in leichtem Trab wieder nach Hause.

Bei Schnee und Eis konnte es passieren, dass sich ein Pferd ein Bein brach. Dann kam der Bauer, dem das Pferd gehörte und der es nicht mehr einspannen konnte, zu unserem Vater. Als Schäfer hatte er ja Hunde, die Futter brauchten. Pferdefleisch aß man damals nicht, es schmecke nicht, hieß es. Jahrzehnte später habe ich junges Fohlenfleisch einmal bei einer Familie selbst zubereitet, es war köstlich und wir haben es alle mit Genuss gegessen. Im Vergleich zu unseren Hausschweinen ist ein Pferd ja doch ein sauberes Tier.

Das Pferd wurde bei uns geschlachtet. So ein großes Tier zu töten, aufzuhängen und abzuziehen war eine sehr schwere Arbeit. Das Fell wurde anschließend in die Gerberei gebracht. Dann war das viele Fleisch zu verarbeiten, das hauptsächlich

In der Dorfmitte von Stachenhausen wurden die Pferde getränkt. Von hier trugen meine Eltern 1921 das Wasser den Berg zu uns herauf. Die Tröge standen noch lange nach dem Zweiten Weltkrieg.

an der Luft getrocknet wurde. Noch heute sehe ich vor mir, wie es im Gebälk hing. Das Pferdefett wurde ausgelassen und die Leute holten sich anschließend das Kammfett – das Fett vom Mähnenansatz – ab. Wir verwendeten es als Salbe, wenn eine Wunde bei einem Tier oder auch beim Menschen nicht heilen wollte.

Wenn Schnee lag, konnten wir Kinder herrlich Schlitten fahren. Nach dem langen Toben im Freien kamen wir oft mit Eiszapfen an den Strümpfen und mit patschnassen Schuhen, halb erfroren, nach Hause. So manches Mal haben wir uns eine böse Erkältung zugezogen, die auch Mutters Hausmittel nicht immer kurieren konnte. Dann war Doktor Radtke gefragt.

In unserer Gegend gab es, soweit ich mich erinnern kann, nur zwei Autos: das gelbe Postauto von Künzelsau nach Mergentheim, mit dem wir nach »Küau« und zurück fahren konnten, und das Auto des ehemaligen Militärarztes Doktor Radtke, überall nur Doktor Radikal genannt. Einen Hausbesuch mussten wir bei der Gaststätte »Post« auf der anderen Seite des Dorfes anmelden. Von dort aus machte der Doktor einmal wöchentlich seine Besuche in den umliegenden Häusern und Höfen. Wir Kinder hatten Angst vor ihm, er war ein alter Polterer und klopfte uns hart auf den Po, wenn er uns untersucht hatte. Das mochte ein krankes Kind natürlich nicht.

Mutter verabreichte uns ihre Hausmittel in Form von kleinen weißen Kügelchen. Das Rösle Karle in Belsenberg stellte sie her – dafür war sie auch bei den Apothekern und Ärzten bekannt. Ja, als was? Heute würde man sie vielleicht als Homöopathin, als Heilpraktikerin, bezeichnen. Zuerst gingen wir also zum Rösle, doch bei ernsten Krankheiten schickte sie uns gleich weiter zum Arzt.

Die meisten unserer Kinderkrankheiten konnte sie jedoch mit ihren eigenen Mitteln heilen. Sie war früher selbst einmal Bäuerin und kannte sich auch in Kuh- und Schweinestall aus. Deshalb hatte sie für Mensch und Tier Rat und Hilfe. Frau Karle war klein und zart von Statur, sie hatte einen Kropf und ein zu kurzes Bein, an welchem sie einen Schuh mit einem ganz hohen Absatz trug.

Auch ihr Mann war recht klein. Er hatte im Ersten Weltkrieg eine Kopfverletzung erlitten und wurde oft grundlos zornig. Solange meine Mutter und ihre Schwester Rösle, die 1919 Georg Jakob heiratete und 1930 auf den nahen Eschenhof zog, noch in Belsenberg lebten, arbeitete er an den Tagen, an denen es ihm gut ging, bei ihnen auf dem Feld. Karles hatten ihren Hof an Jüngere verkaufen müssen und bewohnten nur noch ein kleines Ausdinghaus, so heißt der Alterssitz für Bauern.

Belsenberg bei Künzelsau um 1940. Im Schutz der Hänge gedeihen hier Obst und guter Weißwein.

Lammzeit

Die kritischste Jahreszeit war der Frühling. Dann begann die Lammzeit und damit waren auch zu Hause mehr Tiere zu versorgen. In den ersten Tagen nach der Geburt ließ man die kleinen Lämmchen im warmen Stall im Stroh, bis sie fest auf den Beinen stehen konnten. Aber dann mussten die Mutterschafe wieder hinaus, da der Stallmist ihren Klauen nicht gut bekam. Wenn ein Schaf trotzdem an der Mauke, einer Hautentzündung, erkrankte, fiel noch mehr Arbeit an, zum Beispiel Wasser holen zum Tränken. Häufig kam es vor, dass ein Schaf ein Junges verlor. Dann versuchte man, von einem Zwillingspaar ein Lämmchen der Mutter wegzunehmen und dem anderen Schaf zuzuführen. Bis dieses jedoch das fremde Jungtier annahm, konnten Tage vergehen.

Mein Bruder Karl war dabei ein guter Beobachter. Er fand schnell und mit dem richtigen Gespür Muttertier und Junges zusammen. Das kam unserer Mutter sehr zugute. Sie hatte nämlich nicht so ein glückliches Händchen und versuchte oft, die falschen miteinander zu verbinden. Karl stellte das dann richtig. Jedes Lämmchen hatte seinen eigenen Geruch. Deshalb band man den »Adoptiv-Lämmern« die Felle der Totgeborenen auf, wodurch der Geruch weitergegeben und die neue Verbindung beschleunigt wurde.

Wenn die Wiesen wieder grün wurden, ging es auf Wanderschaft zur Sommerweide. Dann zog der Schäfer mit seinen Schafen in eine entferntere Gegend. Von Ende April bis November war Vater mit der Herde in Cröffelbach. Die Leute dort erzählten uns, der Schäfer singe so schön bei seinen Schafen, es klinge immer so friedlich durch das Tal. Am Abend wurde Vater dann bei den Familien umliegender Höfe verköstigt, deren Äcker und Wiesen er durch das Pferchen gedüngt hatte. Zudem erhielt er von den Bauern Pferchgeld, mussten diese den frei Haus gelieferten Dünger doch nur noch unterpflügen.

Zu zahlen hatte der Schäfer allerdings Weidegeld an die Gemeinde, damit er deren Wege und Raine abweiden durfte.

Die Schafschwemme im Frühjahr war eine Tortur für Mensch und Tier. Aber die Wolle sollte vor dem Scheeren einigermaßen sauber sein.

Der Schafstall stand am Ortsrand. Im Sommer schlief Vater aber im Schäferkarren, und die Hunde lagen davor und bewachten den Hirten und seine Herde.

Eine Woche vor der Schafschur Ende Mai stand die große Schafschwemme an. Bevor die Schafe von ihrem Winterkleid befreit wurden, mussten sie gründlich gewaschen werden. Da hatte das Wetter gut zu sein, damit die Wolle am Tier bis zur Schur wieder trocknen konnte. Das war eine Plackerei: Schafe, Hunde und die Schäfer mit Helfern waren heilfroh, wenn diese Tortur vorüber war. Die Herde verhielt sich

Nach der Schafschur in Cröffelbach. Vater, Mutter und meine Cousine Thea aus Dresden, 1936.

danach ziemlich unruhig und es dauerte einige Zeit, bis wieder Ordnung in Stall oder Pferch einkehrte.

Nach der Schwemme wurden die Schafe geschoren. Dafür richtete man extra eine Scheune her. Mittels großer Spezialscheren schnitten acht bis zehn Frauen die dicke Wolle herunter, meist halfen ein paar junge Männer beim Auftragen der Tiere. Die Arbeiter waren mindestens zwei Tage auf dem Hof. Und wieder waren alle froh, wenn es vorbei war. Sicher auch die Schafe selbst. Sie sahen danach ganz nackt aus und waren verstört.

Die Wolle wurde gebunden und von der Wollverwertung bei der Wollauktion in Ulm verkauft. Dort konnte man sich Strumpfwolle und gute Wollstoffe bestellen und liefern lassen. Zur Inflationszeit klappte das nicht mehr. Wenn Vater Wolle verkauft hatte und erst am nächsten Tag den steilen Berg mit dem Rad nach Künzelsauhinunterfuhr, reichte das Geld oft kaum noch für ein Paar Kinderschuhe oder einen großen Zuckerhut. Von dem schlugen wir sehr sparsam kleine Stücke ab, viel später erst konnte man Würfelzucker kau-

Mein Großvater Friedrich Ohr. Er wurde beim Schafehüten wahrscheinlich von »unserem« Fotografen Paul Hommel abgelichtet, 1936.

fen. Der Preis für Schafwolle war so niedrig, dass der Erlös kaum für den Lebensunterhalt einer Familie reichte. Zum Glück war wenigstens die Versorgung mit eigenem Fleisch gesichert.

Auch die Großeltern Ohr, die nach der Hochzeit meiner Eltern 1919 das Haus in Stachenhausen dem jungen Paar überlassen hatten und nach Künzelsau gezogen waren, besaßen eine Schafherde. Meist nahm Großvater die männlichen Lämmer von unserem Vater ab und verkaufte sie als Schlachthammel. Wenn sie groß genug waren, holte der Metzger sie einfach ab oder sie kamen auf den Markt. Einen netten Nebeneffekt hatte die Schäferei für das Dorf: Regelmäßig fand ein Hammeltanz statt, bei dem ein Paar einen geschmückten Hammel gewinnen konnte. Der wurde wenig später gemeinsam verspeist.

Mutter empfand es als Segen, dass Vaters Eltern in Künzelsau lebten und die Großmutter für uns Kinder Strümpfe strickte oder für die Buben Hemdchen und Hosen nähte. Das beherrschte Großmutter, hatte sie doch selbst sieben Söhne großgezogen. Auch mit dem Spinnrad konnte sie gut umgehen; die Schäfer brauchten schließlich warme Socken in die Stiefel.

Einmal im Jahr kam die Schneiderin ins Haus und nähte Kleidchen für uns. Mutter half mit und fertigte auch für sich gleich neue Sachen an. Die Hemden für unseren Vater nähte Großmutter. Außerdem fiel sehr viel Flickwäsche an, denn ein Schäfer bleibt immer wieder einmal an einer Dornenhecke hängen – und schon ist ein Dreiangel in der Hose.

Ab und zu besuchten auch Fotografen unser Dorf, um die allfälligen Bilder zu schießen: den Schuljahrgang, die Konfirmanden, das Sängerfest. Eine Kamera besaß damals noch niemand. Aber die Ausgaben für die Bilder wollte und konnte sich fast jeder leisten. In Ingelfingen gab es einen Fotografen, in Kirchberg/Jagst und in Bad Mergentheim: Verwandte auf dem Heßlachshof ließen sich beispielsweise vom »Hofphotographen Ludwig Holl, Mergentheim, Wertheim, Lauda« ablichten.

»Unser« Fotograf Paul Hommel ratterte auf einem Fahrrad mit einem kleinen Hilfsmotor, der mittels einer Walze die Kraft auf den Reifen übertrug, von Künzelsau hoch in die Dörfer. Dabei schoss er auch private Bilder: vom Schäfer mit ihren Herden zum Beispiel oder von unserem Lehrer, auch wir Kinder wurden fotografiert.

Schulkind

1928 kam ich in die einklassige Dorfschule. Alle Kinder von der ersten bis zur siebten Klasse wurden in einem einzigen Raum unterrichtet. Unser Lehrer, Herr Scheufele, war schon alt und hatte einen rötlichen Bart. Er war ehemaliger Offizier und sehr streng. Die Lehrerswohnung befand sich im Schulhaus über dem Klassenraum. Seine Frau war eine gütige Mutter von fünf Kindern. Sie bügelte so manche Härte ihres Mannes wieder aus.

Drei Mädchen und zwei Jungen bildeten die erste Klasse. Wie so viele vor uns lernten auch wir Lesen und Schreiben unter der Aufsicht älterer Schüler. Da herrschte Ordnung, sonst kam der Tatzenstock angesaust. Die armen Jungen bekamen »Hosenspanner«: Prügelstrafe war an der Tagesordnung. Wir Schüler haben da manche Träne vergossen.

Damals war es Sitte, dass die Eltern etwas vom Schlachtfest in die Schule brachten. Im Winter waren es frische Eier. Wenn die Hühner einen warmen Stall hatten, legten sie an manchen Tagen sogar zwei bis drei Eier. Meine Eltern schenkten dem Lehrer ab und zu einen Hammel- oder Schafskopf – die mochte er gerne. Das gekochte Fleisch schmeckte wirklich prima. Doch die Gaben der Eltern reichten natürlich nicht, um uns Kinder schlauer zu machen; beim Lernen mussten wir uns schon selbst anstrengen.

Meine Ausflüge ins Dorf dehnten sich als Schulkind weiter aus. Zwar hatten wir zu Hause auch allerhand Viehzeug: Truthähne, Perlhühner, einen Pfau, Tauben, Enten, Gänse und natürlich Schafe. Doch mich lockten die großen Höfe mit ihren vielen Pferden, Kühen, Schweinen und auch mit ihren Jungtieren. Meist wusste Mutter, wohin ich nach den Schulaufgaben ging. Bei den zwei Töchtern vom Hannessehof, Marie und Paula, durfte ich überall mithelfen. Die beiden waren etwa 15 und 17 Jahre alt. Auf dem großen Bauernhof verbrachte ich wunderschöne Stunden.

Wenn die Betglocke am Abend erklang, sprangen alle Kinder schnell nach Hause; das war ein ungeschriebenes Gesetz.

Meine Schulklasse 1 bis 7 in Stachenhausen 1929. Ich sitze vorne links, daneben mein »Jahrgang«. Bruder Karl steht hinten neben Lehrer Scheufele.

Aber einmal hatten wir alles um uns herum vergessen: Die Feuerwehr hatte eine Übung am Schulhaus abgehalten und sogar gespritzt – das war so interessant, dass kein Kind die Glocke hörte. Alle kamen zu spät nach Hause und mussten sich eine Strafpredigt anhören. Ob die Glocke am Ende gar nicht geläutet hatte? Schließlich hing sie doch über dem Schulhaus. Aber das wurde nie geklärt. Große Strafen bekamen wir nicht, schon am nächsten Sonntag war die Stube meiner Mutter wieder voll mit Dorfkindern. Zu »Schäfers« durfte man auch bei schlechtem Wetter kommen. Der Vater war mit der Herde unterwegs, und unsere Mutter nahm sich Zeit und spielte mit uns und den anderen Kindern. Oder sie brutzelte uns Bratäpfel im Ofen, dann verbreitete sich ein herrlicher Duft; auch Nüsse haben wir geknackt.

Doch da gab es ein Kind, das immer wieder nach draußen drängte, es wurde ihm oft zu eng in dem kleinen Haus. Das war ich, die kleine Erika. Des Schäfers Erika stand dann auf dem »Bergele« bei den Hunden und schaute sich die Gegend an. Sonntags durfte ich nicht zu Hannesse, da wollten die Bauersleute ihre Ruhe haben oder aber sie hatten Besuch. Also blieb ich wie der Gockel auf dem Misthaufen stehen und sang oder versuchte zu pfeifen. Aber eigentlich sollte ein Mädchen das damals nicht tun. Pfeifen war nicht fein. Auch mit den Eisenreifen spielte man am Sonntag nicht, denn das Treiben der Kringel erzeugte ziemlich viel Lärm.

Wenn meine Mutter aber anfing vorzulesen oder eine Geschichte zu erzählen, wurde es still im Haus. Dann schlich auch ich hinein und hörte zu. Auf die vielen Fragen der Dorfkinder wusste unsere Mutter immer eine Antwort. Sie war bei allen sehr beliebt. Ein Jahr vor unserem Wegzug hat sie sogar ein Kinderfest mit angeregt und unterstützt, worüber noch viele Jahre gesprochen wurde. Es gab einen Festzug zum Schützenhaus, Wurstschnappen, Eierlauf und viele andere Spiele.

Im Dorf befand sich ein weiteres Haus, in dem wir Kinder gerne gesehen waren. Das war das Haus der alten Frau Malt. Sie lebte allein und wir fanden es dort immer gemütlich. Außerdem durften wir bei ihr Nüsse und Hutzeln – getrocknete Birnenschnitze – knabbern. Manchmal ließ sie uns auch an ihrem Spinnrad treten. Im Winter brachte Vater in ihrem Stall einige Schafe unter. Wenn er die Tiere versorgt hatte, holte er uns wieder ab.

Natürlich haben wir auch Dummheiten angestellt. Ein paar habe ich bis heute nicht vergessen. Wir hatten viele Hühner, weiße, schwarze, graue, braune, Perlhühner, Sperber und dazu mindestens zwei Hähne. Im Mai schlüpften meist die ersten Küken, doch nicht alle kamen an einem Tag zur Welt. Die Ersten wurden deshalb in einen locker mit Schafwolle ausgelegten Napf gesetzt, damit sie es auch schön warm hatten. Die kleinen »Bibele« befiel bald der Hunger und sie pickten sich gegenseitig an. Dann wurden sie mit klein gehackten, hart gekochten Eiern gefüttert. Das schmeckte den Winzlingen. Frisch gestärkt wurden die Küken aktiv, einige fielen sogar über den Rand des Napfes und trippelten umher. Das fanden wir Kinder sehr lustig.

Die geschlüpften Küken waren oft noch nass und Mutter legte sie manchmal zusammen mit den anhaftenden Schalenresten in den lauwarmen Backofen – nicht ohne uns zu er-

Unser Grundschullehrer Scheufele in Stachenhausen war streng, 1927.

mahnen wegzubleiben, damit die Tür nicht zufiel. Einmal war einer von uns zu neugierig, er hatte nachgeschaut – und die Ofentür zugemacht. Dabei sind die drei kleinen Küken erstickt. Das hat uns Kinder und auch Mutter zu Tränen gerührt.

Ein andermal haben wir von einem Wassereimer das Abdeckbrett heruntergenommen. Daraufhin sind zwei junge Hühnchen hineingefallen und ertrunken. Eigentlich hätten sie schon bald auf dem Mittagstisch landen sollen.

Manchmal gab es auch Täubchen zum Essen, denn auf unserem Dachboden hatten wir einen Taubenschlag. Dort oben saß mein Bruder oft stundenlang. Er kannte jede Taube, manche trugen sogar Namen. Sie hießen zum Beispiel Rotauge, Sperber oder Schecke. Karl wusste genau, welches Taubenpaar Eier gelegt hatte und wann die Jungen schlüpften. Ich durfte nur selten mit ihm hoch. »Du bist viel zu unruhig«, sagte er, »das ist Männersache«. Vater freute sich immer, wenn Karl ihn an der Hand nahm und ihm vertraulich erklärte, was er dort oben auf dem Dachboden Neues entdeckt hatte.

Vom Kinderfest im Nachbarort Dörrenzimmern, das Mutter mit organisiert hatte, haben die Leute noch Jahre später begeistert gesprochen, 1929.

Hirtenleben

Alles was mit Hirten und Schafen zu tun hatte, beschäftigte uns Kinder sehr. Vater war unser Vorbild. Mit dem Hirtenstab in der Hand führte er seine Herde täglich auf die Weide und zum frischen Wasser. Eines der Lieblingslieder unserer Mutter war das Lied »Droben stehet die Kapelle, schauet still ins Tal hinab. Drunten singt bei Wies und Quelle froh und hell der Hirtenknab.« Dieses Lied konnten wir Kinder bald mitsingen. Besonders gefallen hat uns auch ein Spiel mit unserer Mutter. Wir nannten es »Schau, ein Lamm hat sich verlaufen«. Mutter spielte den Schäfer; ein Kind, das Lamm, durfte sich verstecken, während sie weitersang »… sucht es der getreue Hirt«. Hatte sie uns gefunden, nahm sie das Kind – wie der Schäfer ein Lamm – auf die Schultern und sang weiter »… auf den Achseln heimgetragen, keines darf nicht ängstlich zagen, sei es noch so weit verirrt«. Da wollten natürlich alle einmal das Lämmchen sein. So schön verliefen oft die Sonntage mit unserer Mutter.

Zur Winterzeit kaufte Vater oft große Büchsen mit Bismarckheringen, die ich besonders gerne mochte. Solche Dosen gibt es heute nur noch im Großhandel. 25 bis 30 Heringe befanden sich darin. War ich einmal krank, konnte mir so ein großer Hering schnell wieder auf die Beine helfen. Darüber haben wir später noch oft gelacht: Erika und Heringe, das zusammen erspart den Besuch des Doktors.

Die Heringe gab es nur bei Wesenbecks am Ende des Ortes, im kleinen Krämerladen. Wenn Vater uns zum Einkaufen mitnahm, fingen unsere Kinderaugen jedes Mal an zu strahlen, denn dann bekamen wie immer ein süßes, farbiges Bonbon.

Ein zweiter Laden befand sich mitten im Dorf. Er gehörte der alten Frau Fahrbach, die wir sehr mochten. Sie hatte eine mütterliche Art und beantwortete gerne unsere vielen Fragen. Ihr Sohn Karl, ein Schulfreund meines Vaters, ging auf die Jagd. In seinem grünen Anzug mit dem Jägerhut und der Büchse unter dem Arm gefiel er uns sehr. Er schoss Rehe und Hasen, auch Rebhühner mit der Schrotflinte.

Wenn Vater im Frühjahr mit der Herde und den Hunden wegzog, waren wir Kinder traurig, denn er kam meist nur alle drei Wochen kurz nach Hause, um frische Wäsche zu holen. Oft traf er erst spät am Abend bei uns ein, zwischen 9 und 10 Uhr, und am anderen Morgen brach er schon in aller Frühe auf. Er fuhr mit dem Fahrrad, das er noch, nach alter Sitte, vom hinteren Rad aus bestieg. Er wollte möglichst früh wieder bei der Herde sein, denn um halb zehn mussten die Schafe auf die Weide.

Für unsere Mutter begann dann die Feldarbeit. Zwei Äcker, ein Obstbaumstück und eine große Wiese am Wald waren zu bewirtschaften. Die Äcker lagen auf der Höhe. Deshalb musste Mutter immer erst einmal bergauf gehen, drei kleine Kinder im Leiterwagen hinter sich herziehend. Außerdem hatte sie noch Essen und Getränk mitzunehmen. Hinzu kamen Hacke oder Sichel und andere Arbeitsgeräte, je nach Art der Pflanzung.

Einmal tauchte eine kleine Hilfe bei uns auf, sie kam aus Dresden: Thea Pröger, meine Cousine. Mutters Schwester Marie war an Tuberkulose erkrankt und musste in ein Erholungsheim. Ihr Mann, Onkel Robert, brachte seine drei Kinder zu den Verwandten im Süden. Erika und Bernhard kamen nach Belsenberg zum Rösle, einer weiteren Schwester meiner Mutter. Thea kam zu uns nach Stachenhausen. Wir fuhren nun öfter nach Belsenberg, damit sich die Geschwister, es waren ja richtige Großstadtkinder, wenigstens am Sonntag sehen konnten. Auf dem Hof in Belsenberg gab es immer viel Arbeit. Auch Erika musste gleich mithelfen und dazu noch auf ihren Bruder Bernhard – Hardy genannt – aufpassen, außerdem noch auf den kleinen Ernst, denn Tante Rösle und Onkel Georg hatten 1921 auch Nachwuchs bekommen. Gerne hätten die beiden Geschwister auch bei uns in Stachenhausen gewohnt, aber unser Haus war zu klein.

Zu dieser Zeit war unser Vater wieder einmal mit dem Rad in Künzelsau einkaufen. Abends brachte er ein Kind mit. Es war Hardy. Weinend hatte er in Belsenberg auf der Treppe vor dem Haus gesessen. So schmutzig wie er war, nahm ihn mein Vater gleich mit zu uns nach Hause. Der Bub hatte solches Heimweh nach seiner anderen Schwester Thea. Als sie sich umarmten, flossen bei beiden die Tränen. Hardy blieb nun bei

Vater auf der Weide am Bühlhof mit der Tochter des Landesbauernführers und der Pfarrerstochter von Dörrenzimmern, 1928.

uns. Thea konnte ihm wenigstens ein bisschen die Mutter ersetzen und das Heimweh lindern. Wir stellten einfach einen Teller mehr auf den Tisch und es reichte für alle. Kartoffeln und Brotgetreide hatten wir selbst, Eier und Milch auch und das Fleisch lieferten die Lämmer und Schafe. So hatten meine Eltern lange Zeit fünf Kinder: Thea, Hardy, Karl, Frida und mich.

Der Sommer war schön für uns, da wir nun plötzlich so viele waren. Meine Mutter hatte zwar mehr Wäsche und Sorgen um kranke Kinder, aber auch viel Freude. Thea zählte etwa elf oder zwölf Jahre und konnte mit uns spielen. Das Heumachen auf der großen Wiese am Wald war für uns ein besonderes Erlebnis. Am Waldrand pflückten wir Heidelbee-

Heuernte in Belsenberg. Meine Cousinen Thea und Erika aus Dresden halfen auch Jahre später immer wieder gerne bei der Arbeit.

ren und Erdbeeren. So waren wir beschäftigt und Mutter konnte die Heumahden aufrichten, bis der Bauer mit dem Wagen zum Aufladen kam. Zum Schluss durften wir Kinder oben auf den Heuberg klettern und mit nach Hause fahren.

Als Tante Marie wieder gesund war, holte Onkel Robert die drei Kinder nach Dresden zurück. Meinen Eltern fehlten Thea und Hardy sehr, sie hatten sich in den vielen Monaten sehr an die beiden gewöhnt. Auch wir Kinder waren unglücklich, aber Kinder vergessen schneller. Meine Mutter packte immer wieder große Pakete für die Dresdner, die Vater zur Post brachte. So blieb die Verbindung erhalten.

Im Februar 1929 kauften meine Eltern zusammen mit Onkel Christian, einem Bruder von Vater, einen großen Gutshof in Niedersteinach im Kreis Crailsheim. Damit ging die schöne Zeit in Stachenhausen zu Ende. Wir mussten weg von allen Freunden und unserem Dorf. Beim Abschied gab es viele Tränen und gute Wünsche für die ganze Familie.

Ein neuer Anfang: Niedersteinach

»Hofgut Niedersteinach« – so steht es auf einer Holztafel an einem Gebäude bei der Einfahrt. In aller Herrgottsfrühe wurden wir Kinder geweckt. Draußen warteten große Leiterwagen, auf denen unser Hab und Gut verladen war. Die Bauern vom Dorf kamen mit ihren Pferden und fuhren es von Stachenhausen aus mehrere Stunden bis nach Niedersteinach. Eine Kutsche mit zwei Pferden brachte uns etwas später hinter den großen Wagen her. Der Weg führte über die Orte Hermuthausen, Ohrenbach, Laßbach, Zottishofen und Orlach, bergauf und bergab.

Zu dieser Zeit, Ende Februar oder Anfang März, war es noch sehr kalt. Für die Fahrt hatten wir deshalb Decken und Bettflaschen mitgenommen. Wir waren alle sehr traurig und Mutter weinte. Karl führte seine Tauben in einem Sack mit sich. Zuvor hatten sich die Leute im Dorf versammelt, um uns zu verabschieden. Sie winkten, viele weinten auch. Wir mussten dennoch wegziehen, denn das Haus war bereits verkauft, an einen Schuhmacher.

Nun lag Orlach hinter uns. Nochmals kam eine Anhöhe, dann sahen wir die ersten Gebäude. Die Leiterwagen standen schon da. Hinter hohen Tannen und Obstbäumen erblickten wir ein Haus, an das ein großer, hoher Stall angebaut war. Langsam fuhr unser Kutscher in den Hof ein. Endlich konnten wir Vater wieder sehen. Kinder kamen aus dem Haus, dann Onkel Christian und Tante Marie. Sie waren etwa eine Woche vor uns nach Niedersteinach gezogen. Obwohl sie uns vertraut waren, fühlten wir uns doch unter ihnen in der neuen Umgebung fremd. Auch die Kinder kannten wir nicht, außer Fritz, den Ältesten von Onkel Christian und Tante Marie. Ihr damaliger Hof in Heimhausen lag für Besuche einfach zu weit weg.

Unsere Verwandten führten uns jetzt ins Haus. Zunächst ging es in eine große Stube, in der ein hoher, grünlicher Ofen vor sich hinbullerte und Wärme verströmte. Unsere Begleiter aus Stachenhausen saßen bereits am Tisch beim Essen.

Sie mussten ja bald wieder aufbrechen. Wir bekamen auch etwas Warmes, und allmählich tauten unsere Glieder wieder auf. Ein letztes Winken und unsere lieben Freunde fuhren in die alte Heimat, nach Stachenhausen, zurück. Ohne uns.

Vater zeigte uns unser neues Zuhause. Hier würden wir also wohnen und schlafen: in den zwei Zimmern, die rechts von der Haustür lagen. Darin stand noch alles kreuz und quer, noch war nichts eingeräumt. Schnell richtete Mutter zuerst die Betten für uns Kinder, damit wir schlafen gehen konnten.

Konflikte

Unsere Mutter war anfangs sehr unglücklich, denn sie hatte niemals auf diesen Hof gewollt. Für das alte Haus in Stachenhausen lag bereits ein Bauplan vor. Der Dachboden hätte ausgebaut werden sollen, mit Zimmern für uns Kinder. Auch hatten unsere Eltern schon weiter geplant: Der Backofen wäre aus der Küche verlegt worden, dann hätten wir auch dort mehr Platz gehabt. Aber dann kam alles ganz anders.

Warum, wann und wie Vater und Onkel Christian den Hof in Niedersteinach gekauft hatten, weiß ich nicht. Damals war ich gerade acht Jahre alt und an die einzelnen Umstände kann ich mich nicht mehr erinnern. Aber dass viele Schwierigkeiten damit verbunden waren, spürten wir Kinder bald. Das Zusammenleben zweier Familien unter einem Dach, mit gleicher Eingangstür und somit in unmittelbarer Nähe zu anderen Menschen, war für meine Eltern sehr schwer – auch wenn es sich um sehr enge Verwandte handelte.

Onkel Christian war mit seiner Familie aus dem Jagsttal gekommen. Er hatte dort in eine kleine Landwirtschaft in Heimhausen eingeheiratet. Seine Schäferei betrieb er weiter, während seine Frau Marie die Äcker und Wiesen zusammen mit ihrer Mutter bewirtschaftete. Die Mutter, die ebenfalls Marie hieß und mit hergezogen war, hatte in Heimhausen das Regiment geführt.

Mit ihren fünf kleinen Kindern bewohnten Onkel und Tante die andere Hälfte des Hauses. Dort befand sich auch die einzige große Küche, die wir gemeinsam nutzen mussten. Wie sollte das bloß gut gehen?

Konflikte waren vorherzusehen. Die beiden Frauen an Onkel Christians Seite wollten auch hier »regieren« und zum Beispiel bestimmen, was gekocht und gebacken wurde. Sie behandelten meine Mutter wie eine Dienstmagd, die nur noch ihren Anweisungen folgen sollte. Das machten meine Eltern nicht mit. Schließlich einigten sie sich auf eine Lösung: Zumindest am Anfang wechselten sich die Frauen beim Kochen wöchentlich ab; gebacken wurde nebenan in der Backstube. Eine Zeitlang ging das gut, aber meine Mutter weinte dennoch viele Tränen.

Auch im Stall gab es Schwierigkeiten bei der Versorgung der Tiere. Die beiden Parteien warfen sich viele ungerechte und bissige Worte an den Kopf, was auch uns Kindern nicht verborgen blieb. Unsere Kühe waren in den hinteren Teil des Stalls verbannt worden und damit oft beim Füttern benachteiligt. Auch unsere Hühner bekamen zu wenig, denn Tante Marie musste zusätzlich noch Enten und Gänse füttern.

Onkel Christian und Tante Marie hatten aus Heimhausen wesentlich mehr Vieh mitgebracht, weil sie dort bereits viele Jahre Landwirtschaft betrieben hatten. Wir besaßen dagegen nicht viele Tiere: zwei Kühe, ein leichtes Pferd – so nannte man ein Reitpferd im Gegensatz zu einem schweren Arbeitspferd –, ein Schwein und zehn bis fünfzehn Hühner. Und natürlich die Schafe.

Unsere Herde blieb nur bis Mai auf dem Hof. Die Männer mussten sich nun um die große Landwirtschaft kümmern. Vater beauftragte einen Schäfer, der im Sommer in den Orten Seibotenberg und Liebesdorf hütete oder in Amlishagen und Gerabronn.

Der Betrieb hatte große Wagen und viele Maschinen, aber die Böden waren schlecht. Riesige Misthaufen türmten sich auf dem Hof. Der Vorbesitzer hatte offensichtlich nur mit Kunstdünger gearbeitet, die Ackerflächen waren ausgemergelt. Das allerdings zeigte sich erst im Frühjahr und im weiteren Verlauf des Jahres. Das Land war nicht gepflegt, lauter Disteln und Quecken wucherten darauf.

Wir Kinder mussten Schnürgras lesen und am Ackerrand zum Verbrennen aufhäufen. Es dauerte Wochen, bis aller Mist auf den Feldern ausgebracht war. Er wurde zunächst von Hand gestreut und dann untergepflügt – denn wo kein Dung ist, kann auch nichts wachsen. Die Wiesen hatten sich am schnellsten erholt, aber auf den Äckern fehlte der Humus, die gute Erde. Die Äcker brauchten lange, bis sie sich erholt hatten und etwas abwarfen.

Meine Eltern waren oft sehr traurig und Vater meinte: »Warum habe ich das nicht früher erkannt, dass Christian nicht die ganze Wahrheit über den Hofkauf sagte …«. Ich habe mich

Onkel Christian zieht mit Fritz, seinem Ältesten, der Herde voran über die Dörfer, um 1935.

oft gefragt, warum die Väter den Hof im Sommer zuvor nicht besichtigt hatten, ehe sie den Handel abschlossen. Dann wäre uns allen vieles erspart geblieben.

Im ersten Jahr beauftragten wir einen Bauern aus der Nähe von Kupferzell, uns mit seinem großen Schlepper zu helfen. Der Bulldog hatte riesige und breite Eisenräder, damit er auf den Äckern nicht einsank. Wenn er auf der Straße fuhr, mussten zum Schutz große Holzplatten angeschraubt werden, sonst wäre der Straßenbelag beschädigt worden. Der Bulldog befand sich viele Wochen auf dem Hof. Zunächst wurde der Pflug angehängt, um die Äcker umzubrechen. Das hätten die Pferde nicht geschafft. Danach wurde mit der breiten Sämaschine eingesät oder aber das Saatgut von Hand ausgestreut, so wie Mutter es tat: insgesamt sechs Morgen blauer Klee. Anschließend wurde mit Pferd und Egge darübergegangen.

In der neuen Schule

Für uns Kinder begann am neuen Ort nun auch die Schule. Wir mussten nach Orlach gehen, erst bergauf, dann bergab, etwa anderthalb Kilometer. Es war eine gute Schule, sie lag mitten im Dorf, gleich bei der Kirche. Der Lehrer war noch jung und konnte uns den Lehrstoff gut vermitteln. Auch hier saßen alle Kinder von der ersten bis zur siebten Klasse zusammen in einem Schulraum. Wir waren jedoch meist nur fünf bis sieben Kinder pro Klasse, selten mehr. In der neuen Schule trieben wir auch Sport, besaßen dafür aber keine richtigen Turnsachen. Unsere Wettkämpfe in Völkerball, Hochsprung, Weitsprung und Schleuderball absolvierten wir auf dem harten Schulhof.

Aus drei umliegenden Dörfern und zwei Höfen kamen wir zusammen. Von 7 bis 12 Uhr fand der Unterricht statt, sodass wir schon morgens um halb sechs aus dem Haus mussten. Mein Bruder Karl war flink und forderte oft von mir, dass ich doch gefälligst schneller laufen solle.

Im Winter lag meist viel Schnee, häufig war die Straße zugeweht. Dann wurden wir auf einem großen Schlitten zusammen mit der Milch, die in die Molkerei sollte, zur Schule gefahren. Auf dem Schlitten hielten uns Wärmflaschen und Schaffelle warm. Die Milch ist dagegen auf dieser Strecke öfter eingefroren. Nach Schulschluss mussten wir den weiten Weg über Straßen und Äcker nach Hause laufen. Kein Schlitten wartete mehr auf uns, denn die Pferde hatten andere Arbeit zu erledigen.

In einem sehr kalten und schneereichen Winter waren durch Kälte und Sturm einmal die hölzernen Strommasten gebrochen. Die Leitungen lagen am Boden, die Drähte hüpften zischend umher. Wir bekamen Angst und liefen auf der anderen Straßenseite schnell vorbei. Unsere Eltern meldeten den Schaden telefonisch beim Elektrizitätswerk zur Reparatur.

Der lange Schulweg reizte uns häufig zu diesem und jenem: Aus lauter Übermut legten wir uns mit dem Rücken in die Schneewehen und drückten mit den Armen rings um uns

Wir Kinder der zwei Ohr-Familien vor unserem Haus in Niedersteinach: Johann, Wilhelm, Fritz (dahinter), Karl, Marie, ich und Frida. Mein Bruder Karl war da bereits tot, deshalb tragen Frida und ich schwarze Kleidchen, 1930.

große Schneeräder hinein – bis über den Kopf gingen sie. Das sah lustig aus. Aber gewesen waren wir das nicht …! Wir doch nicht …!

Im Sommer hatten wir anderen Unfug im Kopf, wie die Sache mit den Blutegeln. Wir setzten sie am Arm oder Bein an, und wenn sie zugebissen hatten, konnte man sie nicht so leicht wieder abnehmen. Meist blutete es heftig nach. Wir liefen zu viert oder fünft nach Hause und eines von uns Kindern wusste immer eine Dummheit für den Heimweg – und wenn wir Äpfel entlang der Straße stahlen. Dabei wuchsen doch bei uns allen um die Höfe herum gerade genug davon.

Das liebe Vieh

In den Ställen wurden regelmäßig Kälbchen und viele Ferkel geboren. Das brachte eine Menge Arbeit für die Erwachsenen, und auch wir Kinder mussten nach der Schule mithelfen. Die Schulaufgaben liefen nebenher. Wenn wir nach Hause kamen, lag meist ein Zettel auf dem Tisch. Darauf lasen wir dann, auf welchen Acker wir nachkommen sollten, um zum Beispiel Kartoffeln zu lesen. Die Tauben meines Bruders und die Hühner betreuten wir, und auch die Eier hatten wir pünktlich einzusammeln. Acht geben mussten wir, wenn ein Huhn statt im Hühnerstall in der Scheune gegackert hatte. Dann galt es, dort das Nest und die Eier zu finden. Den Tauben meines Bruders hat es auf dem neuen Hof nicht gefallen. Sie waren eines Tages nach Stachenhausen zurückgeflogen. Vater holte sie wieder und sperrte sie so lange ein, bis sie ein Gelege errichtet hatten und die Eier ausbrüteten. Erst dann konnte er den Schlag wieder öffnen.

Uns ging es ähnlich wie den Tauben, aber zurückfliegen konnten wir nicht. Auch die Sonntage waren nicht mehr so schön wie die in Stachenhausen. Schulfreunde kamen nicht mehr zum Spielen, denn alle wohnten zu weit weg. Und da war die viele Arbeit; auch am Sonntag mussten all die Tiere gefüttert und gemolken werden.

Zur Kirche gingen wir nach Orlach, obwohl wir eigentlich zu Obersteinach gehörten. Zwischen beiden Gemeinden gab es aber ein stilles Übereinkommen, denn die Wege zur Schule und zur Molkerei waren so für uns kürzer. Das wurde erst 1936 geändert – aus politischen Gründen. Danach hatte alles »seine Ordnung«. Seitdem musste meine Schwester Frida zur Schule nach Obersteinach, obwohl der Weg viel weiter war.

Im Herbst wurden in Orlach die Kühe auf die Weide getrieben. Meine Schulfreundin Amelie Gehring hatte alleine Angst beim Hüten, weshalb mir meine Eltern erlaubten, einige Zeit bei ihr und ihrer Familie zu wohnen. Nach der Schule gingen wir mit den acht bis zehn Kühen auf die Wiesen und kamen erst abends wieder zurück. Jede von uns hatte einen Stock, um die Tiere in Schach halten zu können und sie zu dirigieren, damit sie auf der eigenen Wiese blieben. Bei schönem Wetter machte das Kühehüten Spaß, aber bei Regen und Gewitter wurde die Hüterei schwierig.

Einmal überraschte uns ein Hagelsturm: Die ganze Herde rannte in den Wald davon und suchte Schutz. Wir zwei Mädchen sausten hinterher ins Frankenholz – so wurde das Waldstück genannt. Mit Schrecken sahen wir, dass dort noch viel mehr Kühe standen. Sie stammten von vielen anderen Herden und hatten sich ebenfalls hierher geflüchtet. Nun versuchten wir zehn- und zwölfjährigen Mädchen, die richtigen Tiere wieder zusammenzutreiben. Eine Kuh fehlte uns! Auch im Dorf hatte es gewittert und gehagelt. Die Erwachsenen kamen bald, um uns bei der Suche zu helfen. Letztlich haben wir alle Tiere gefunden. Abgekämpft und patschnass liefen wir heimwärts in den Stall. Unser gutes Vesper hatten wir bei der Hektik längst auf der Weide verloren. Mutter Gehring steckte uns erst einmal in trockene Kleider und gab uns Honigmilch zu trinken. Abends waren wir alle froh, dass nichts Schlimmeres passiert war.

In den nächsten Tagen hüteten wir in der Nähe des Ortes, denn die Kühe waren unruhig und sprangen, kaum aus dem Stall, durcheinander. Das war kein gutes Zeichen. Wo hätte man so eine unruhige Kuh denn festhalten können? Die Kette blieb ja im Stall. Das Tier an Hörnern oder Schwanz zu halten, war jedenfalls nicht ratsam.

Unglück

Die erste Ernte auf dem neuen Hof wurde eingebracht, aber der Ertrag blieb hinter unseren Erwartungen zurück. Futter gab es dennoch genug für das Vieh. Im November wurde das Getreide mit einer großen Dreschmaschine gedroschen. Sie stand in der Blechscheuer – die wurde so genannt, weil sie aus Wellblech bestand – und wurde über einen langen Keilriemen von einem »fahrbaren« Motor angetrieben. Dabei entstand immer Lärm und viel Staub. Die Kornsäcke wurden seitlich an die Maschine gehängt, das Stroh kam hinten heraus und musste gebunden werden. Leider ging auch immer wieder etwas kaputt an der Maschine. So war es auch am 19. November 1930.

Ich kam von der Handarbeitsschule, die ich in Niedersteinach besuchte, nach Hause und sah ein Auto in der Hofeinfahrt stehen. Es gehörte dem Doktor aus Braunsbach. Das beunruhigte mich und ich überlegte, wer krank geworden sein könnte oder ob etwas passiert sei. Große Angst überfiel mich, denn ich wusste, dass eigentlich alle im Wald beim Holzmachen sein müssten.

Etwas Schlimmes war geschehen: Mein Bruder Karl klagte und jammerte unaufhörlich, alle schluchzten. Karls rechtes Bein war weggerissen worden, er war voller Blut. Mutter saß am Bett und weinte, Vater zog sich gerade um, denn er wollte mitfahren und das Kind ins Krankenhaus begleiten. Doch da unser Telefon nicht richtig funktionierte – es war noch ein altes zum Kurbeln –, konnten wir den Krankenwagen nicht rufen. So fuhr der Schmied, der wegen Reparaturarbeiten an der Dreschmaschine auf dem Hof war, mit Karl und Vater die 20 Kilometer nach Künzelsau zum Krankenhaus.

Der Unfall war bei der Reparatur der Dreschmaschine passiert. Der Schmied war mit seiner Arbeit bereits fertig und Karl sollte von oben beobachten, ob die Trommel richtig lief. Vater hatte den Motor anspringen lassen, während der Schmied auf Keilriemen und Schwungrad achtete. Das Schwungrad lief an, dann gab es einen Ruck. Dabei muss Karl

Nach dem Tod von Karl 1930 waren wir nur noch zu viert: unsere Eltern, Frida und ich (links).

mit den Füßen den Halt verloren haben, er war in die Trommelöffnung gerutscht. Die zwei Männer bargen das schwer verletzte Kind von der Maschine.

Außer ihnen war niemand im Haus, als das geschah; die Frauen sammelten Holz im Wald – bis sie die lauten Hilferufe hörten. Karl hatte sehr viel Blut verloren, obwohl mein Vater mit seinem Hosenträger das Bein am Oberschenkel sofort abgebunden hatte.

Am 3. Dezember 1930 starb mein Bruder an Wundstarrkrampf. Er wurde in Künzelsau auf dem Friedhof beerdigt,

Karl wurde nur zehn Jahre alt. Sein Grab lag auf dem Friedhof in Künzelsau, in der Nähe des Hauses unserer Großeltern.

der in der Nähe des Hauses unserer Großeltern lag. Sie hatten ihn im Krankenhaus jeden Tag besucht.

Das waren sehr schwere Tage und Wochen, in denen meine Eltern sichtlich gealtert sind. Nun waren meine Schwester Frida und ich allein, ohne unseren guten Karle. Er hatte uns so gerne und war unser Beschützer.

Vor allem meine Mutter litt sehr. Niedersteinach war der »Unglückshof«, wie sie ihn nannte. Doch die Arbeit ließ uns kaum Zeit, tagsüber zu trauern. Abends, wenn wir allein waren, flossen die Tränen.

Landalltag

Die Ernte musste ausgedroschen werden, das Getreide wurde verkauft oder zur Mühle gebracht. Dort wurde das Mehl bereitet, aus dem meine Mutter das Brot backen konnte. In unseren großen Backofen passten zehn bis fünfzehn Laibe Schwarzbrot auf einmal, dazu noch einige Bleche Weißbrot oder auch Rahmkuchen, Kartoffel- und Speckkuchen. Brot und Kuchen schmeckten hervorragend, vor allem wenn alles frisch aus dem Ofen kam. Vor dem Melken knetete Mutter schon den Teig, beides natürlich von Hand. Dann wurde das Feuer im Ofen angezündet; es dauerte lange, bis alle Scheite glühten. Der Teig wurde, nachdem er hoch genug gegangen war, in Körbe aus Stroh gelegt, wo er nochmals aufgehen musste; anschließend schubste man ihn in den Ofen. Dabei drückte unsere Mutter in den letzten Laib Brot immer drei Kreuze und betete, dass das Werk gelingen möge.

Einmal war unser Mehl von so schlechter Qualität, dass das Brot fast ungenießbar wurde. Es »blieb sitzen«, wie wir sagten; es war sehr dunkel und schmeckte seltsam. Diese Ernte war das Ergebnis eines sehr nassen Sommers, vermutlich der von 1931.

Aber auch die Zeiten waren schlecht. Viele Arbeitslose und auch Bettler zogen durchs Land. Wenn wir von der Schule heimliefen, fürchteten wir uns oft, am Wald vorbeizugehen. Dort saßen so manches Mal zwei bis drei Männer, die auf der Walz waren. Deshalb mieden wir diesen Weg, nahmen lieber den Feldweg und näherten uns damit von hinten unserem Hof.

Viele Familien litten damals Not, alle mussten mitverdienen. Manchmal sah ich an der Straße einen älteren Mann, der für die Gemeinde Steine klopfte. Zu dieser Zeit gab es fast nur Kalksteinstraßen, und der Belag musste immer wieder ausgebessert werden. Dabei staubte es jedes Mal sehr. Wir schauten dem Steineklopfer gerne zu. Eines Tages aber saß ein junges Mädchen bei ihm und klopfte auch Steine, etwa 15 Jahre alt. Es war seine Tochter. Beide saßen oder knieten lediglich auf einem Sack, der mit Stroh gefüllt war. Seine Frau brachte ihnen das Mittagessen und half danach selbst eine Weile mit, dann konnte das Mädchen etwas ausruhen. Zwei große Steinhaufen waren noch zu klopfen, damit der Vater seinen Lohn erhielt. Wenn die Arbeit getan war, zogen sie weiter zum nächsten Dorf. Zum ersten Mal in meinem Leben spürte ich, was Armut bedeutete, vor allem, als ich das Mädchen so hart arbeiten sah. Ich war froh, dass wir Kinder immer nur auf den Feldern mithelfen mussten.

Auch die Gold-Anna ist mir im Gedächtnis geblieben. Sie hatte vorne zwei Goldzähne, die man sah, wenn sie den Mund aufmachte – daher ihr Name. Sie wohnte in Matzenbach und war eine Zigeunerin. In Matzenbach lebten schon seit langem große Zigeunerfamilien. Die Gold-Anna hatte tiefschwarze Haare. Mit ihrer Katze kam sie öfter zu uns auf den Hof und verkaufte Gummiband, Schnürsenkel, Stopfgarn, Knöpfe und noch vieles mehr. Meist nahmen wir der armen Frau etwas ab. Aus demselben Ort kamen auch Händler mit einem Planwagen. Sie verkauften Geschirr, Töpfe, Tassen, Siebe, Besen – eben alles, was im Haushalt gebraucht wurde. Meist hatten sie nur ein Pferd vor den Wagen gespannt und ein Hund lief hinterher.

Matzenbach liegt bei Crailsheim. Dort wohnten viele arme Leute, die durchs Land zogen – manchmal ganze Familien –, um durch den Verkauf von Handelswaren ein paar Mark zu verdienen. Oft konnte man auch mit Mehl und Eiern bezahlen. Wenn wir in den Schulferien zu Hause waren und die »Matzenbächer« erschienen, war es üblich, Haus und Stall zu verriegeln, denn sie waren als Langfinger verschrien. Doch wir hatten auf unserem Hof mehrere Hunde, die sofort bellten, wenn sich ein Fremder näherte.

Auch Schindelhändler aus dem Schwarzwald fuhren mit Wagen, die von mageren Ponys gezogen wurden, von Dorf zu Dorf. Sie riefen laut: »Leute, kauft Schindeln«. Damals waren die meisten Dächer mit Biberschwänzen – einfachen Tonziegeln – eingedeckt. Dazu brauchte fast jedes Haus Schindeln, um die Spalten zwischen ihnen regendicht zu bekommen. Ebenso boten sie weißen Scheuersand an. Die vorbeiziehenden Händler waren für uns Kinder immer eine willkommene Abwechslung im Landalltag.

Erntedankfest in Orlach. Die Aufnahme stammt von 1934, da waren auch auf den Dörfern schon SA-Uniformen zu sehen.

Schön waren die Hochzeitswagen. Wenn eine Tochter aus einem großen Bauernhof in ein anderes Dorf heiratete, wurde die gesamte Aussteuer zur Besichtigung im Elternhaus aufgebaut. Jeder konnte kommen und zählen, wie viele Garnituren an Bettwäsche, Leibwäsche, Geschirrtüchern oder Strümpfen sie mit in die Ehe brachte. Natürlich konnte man auch begutachten, ob und wie viel Porzellan und Silber zur Aussteuer gehörten. Am nächsten Tag wurde ein großer Leiterwagen hergerichtet, auf dem die Ehebetten aufgeschlagen wurden – sogar mit den dicken Federbetten darauf. Der Wagen wurde herrlich geschmückt und zum neuen Wohnort gefahren, wo genau registriert wurde, was die Braut alles mitbrachte. Erst dann feierte das Paar die Hochzeit. Wir Kinder liefen oft hinter den Festwagen her und freuten uns, wenn die Betten richtig hin- und herschwankten und schaukelten.

Auf unserem Hof erschienen auch immer wieder Schweine- und Viehhändler, die Ferkel oder Kälber kauften. Meist kam ein Herr Eckert mit dem Auto und holte die Ferkel ab. Der Preis wurde ausgehandelt und durch Handschlag besiegelt. Bezahlt wurde später in bar. Das Jungvieh behielten wir zur Nachzucht; verkauft wurde nur, was zu viel war. Dazu gehörte auch hin und wieder eine Kuh, die sich zu schwer melken ließ.

Bargeld brauchten wir zum Beispiel für die Knechte, denen der Lohn ausgezahlt werden musste. Unsere beiden, Schorsch und Alfred, waren gerne bei uns. Jeder der Knechte hatte ein Pferdegespann zu betreuen. Der Fuchs war ein ehemaliges Militärreitpferd, etwa 18 Jahre alt und etwas launisch. Doch wenn er mit Max zusammengespannt war, lief er gut. Liesel und Fanny bildeten das andere Gespann.

Zum Lohn gehörten üblicherweise auch jährliche Sachleistungen: zwei Hemden, Hosen, ein Paar Schuhe, Socken oder aber auch Nahrungsmittel, wie ein Zentner Mehl oder Getreide – das wurde schon vor der Anstellung vereinbart. Kost und Wohnung zählten auch zum Lohn. Trotzdem – oder gerade deswegen – konnte auch etwas gespart werden. So hatte sich Schorsch ein Motorrad gekauft, eine NSU. Darauf durften wir Kinder sonntags manchmal sitzen. Auf dem Sozius reichten unsere Beine kaum auf die Fußstützen. Ein kleineres Kind saß noch auf dem Tank und Schorsch drehte im Hof einige Runden mit uns. Das war ein ganz besonderes Vergnügen.

Pflichten und Freuden

Auf dem Land aufzuwachsen war, so gesehen, schön. Aber unsere Eltern hatten wegen der vielen Arbeit auf dem großen Hof nur wenig Zeit für uns. Sehr früh mussten wir Kinder Aufgaben übernehmen und zum Teil auch große Verantwortung tragen. Mit etwa zwölf Jahren hatte ich zum Beispiel nachmittags die Ferkel zu füttern. Bei den trächtigen Sauen wussten wir zwar, wann die Tragezeit um war, konnten aber nicht genau vorhersagen, wann die Kleinen kommen würden. Wenn dann eine Muttersau Junge geworfen hatte, musste ich zu ihr in den Stall und die kleinen rosa Ferkel wegnehmen. Das geschah zur Vorsicht, damit sie keines mit ihrem Körpergewicht erdrückte, wenn sie sich zum Säugen legte. Dazu brauchte ich allerdings einen dicken Besen, damit mir die Muttersau nicht zu nahe kam. Die kleinen Ferkel kamen in einen großen Korb, der mit Stroh gefüllt war, und dort quiekten sie gleich munter drauflos. Wenn eines nicht schnaufte, rieb ich es mit kaltem Wasser ab, holte tief Luft und blies meinen Atem durch das geöffnete Maul in die Lunge des Tierchens; dann wachte das rosa Häufchen Elend meist auf und fing an, selbstständig zu atmen. So früh also hatte ich schon Geburtshilfe zu leisten. Dabei gab es immer viel zu tun, denn meist warfen die Muttersauen acht bis zwölf Junge. Wenn alle da waren, musste ich noch auf die Nachgeburt warten und diese aus dem Stall schaffen. Wer mehr Angst bei alldem hatte? Wahrscheinlich die Erika.

Zu meinen Pflichten gehörte auch, nachmittags das gesamte Geschirr abzuwaschen, nur die großen, schweren Töpfe konnte ich stehen lassen. Die zwei Jahre jüngere Frida musste abtrocknen, sobald sie es einigermaßen konnte. Auch hatten wir die Strümpfe und Socken der Familie zu waschen und am Gartenzaun der Reihe nach aufzuhängen. Außerdem drehten wir das große Butterfass, damit wir zum Vesper frische Butter hatten. Das war gar nicht so einfach, denn das Butterfassdrehen verlangte einen gleichmäßigen Rhythmus, damit der Rahm schön dick wurde und keine Klümpchen entstanden.

Zum Schluss bewegte man die Haspel nur noch hin und her, damit sich die Butter zusammenballen konnte. Holz und Reisig für den großen Ofen mussten auch täglich aufgefüllt werden, das schafften wir mit dem Leiterwagen heran. Für uns Kinder gab es keinen Tag ohne Arbeit. Später wurde es etwas leichter: Frau Heilmann, die mit Mann und Kindern damals bei uns wohnte, besaß ein Damenrad, und so lernten wir Großen das Radfahren. Als wir es halbwegs konnten, brachten wir es auch den Kleinen bei. Das war ein Gewinn für alle. Nun konnten wir schnell einmal mit dem Rad ins Dorf fahren, um etwas zu besorgen.

Wenn doch etwas Zeit zum Spielen blieb, suchten wir oft ein altes Kellergewölbe auf der anderen Straßenseite auf. Dort hingen viele Fledermäuse mit dem Kopf nach unten und schliefen. Wurde es dunkel, wachten sie auf und gingen auf die Jagd. Wenn sie vorbeihuschten, erschraken wir jedes Mal sehr.

Ein gefährliches Spiel war das mit der Sackwinde. Wir Großen zogen uns gegenseitig am Giebel des an das Wohnhaus angebauten Kuhstalls hoch. Dabei wurde die Kette um den Bauch gelegt, zwei drehten die Winde unterhalb des Taubenschlags, um denjenigen, der an der Kette hing, hochzuziehen. Aber wehe, die alte Tante Marie erwischte uns dabei – an diesem Tag hatten wir nichts zu lachen! Erst schimpfte mit uns die Großmutter und abends bestraften uns nochmals die Eltern, wenn sie davon erfahren hatten. Dann waren alle sieben Kinder dran – schließlich hätten wir ja aus zwölf bis fünfzehn Metern Höhe in den Tod stürzen können.

Aber wir trieben nicht nur schlimme Dinge, sondern erlebten auch schöne Sachen. In unserer Nähe lag ein größerer Teich, drumherum waren kleinere Tümpel und ein Sumpfgebiet. Dort wateten wir durch das Schilf und fingen Frösche und Kaulquappen. Hier schwirrten auch Massen von Libellen und flatterten große Schmetterlinge. In den Feldern hausten dagegen viele Hasen und Rebhühner, die wir gerne aufscheuchten. Wenn wir dort unverhofft auftauchten, machte es brrrrrrrr, brrrrrrrr – und weg waren sie. Eigentlich flog und lief in unserer Umgebung alles an Getier herum: Rehe, Raben, Krähen, Raubvögel, Eulen. Letztere wohnten im Viehstall.

Meine Mutter und ihre Schwester Marie beim Heumachen auf dem Hofgut Niedersteinach, um 1930.

Bei der Futterschneidemaschine befand sich ein kleiner Holzladen, dort flogen die Eulen aus und ein. Als sie Junge hatten, schauten wir öfter ins Nest – da gab es was zum Staunen: Wir entdeckten kleine Federbälle mit großen Augen, die schon aus richtigen Schleiereulengesichtern herausschauten. Aber wir mussten vorsichtig sein, denn die Alten griffen uns an, wenn sie dazukamen. Brannte nachts Licht, fingen die Käuzchen immer an zu schreien, das war unheimlich, aber daran gewöhnten wir uns bald.

Angst hatten wir, wenn schwere Gewitter aufkamen, denn die Teiche und Feuchtgebiete zogen die Unwetter an. Auf unserem Dach gab es keinen Blitzableiter. Oft schlug der Blitz in die Telefonleitung, dann war die Verbindung tagelang gestört. Manchmal konnte man sogar schwarze Streifen entlang der Wand sehen. Besonders schlimm waren die Kugelblitze, die im Hof hin- und zurückrollten, um dann meist mit einem lauten Knall in den Brunnen zu schlagen. Vielleicht hatte dies etwas mit den vielen Wasseradern zu tun, die durch unser Hofgut liefen.

Der Jahreslauf wiederholte sich: Im Frühjahr begann die Arbeit damit, dass die Kartoffeln gesteckt wurden. Nach jedem Schritt mussten wir genau eine Kartoffel hinlegen, die der Pflug später zudeckte. Dann kam die Heuernte. Anfangs wurde das Heu in der Scheune getreten, um mehr Platz zu schaffen. Oder ich zog den Schlepprechen hinter dem Heuwagen her, um die Reste aufzunehmen. Bei der Getreideernte legten wir Strohbänder, die so genannten »Garbenstrickle«, mit denen das Heu gebunden wurde. Oder wir räumten die fertigen Garben hinter dem Selbstbinder auf die Seite. Der Roggen musste von Hand gemäht werden, weil das Roggenstroh zu lang war. Das brauchten wir außerdem für die Bändermaschine, um die »Garbenstrickle« herstellen zu können.

Zwischen dem Heumachen und der Ernte gingen fast alle Frauen und Kinder zum Beerenpflücken in den Wald. Dabei trafen wir immer Schulfreunde. Im Wald gab es einen großen Kahlschlag mit vielen Himbeeren. Oft erschraken wir, wenn plötzlich Blindschleichen raschelten oder eine Kreuzotter sich auf einem Baumstumpf sonnte. Diese ließ man am besten schlafen.

Aber wir waren ohnehin alle etwas ängstlich, denn man erzählte sich, dass im Grimmbach – so hieß das Waldstück – ein unbekannter Mann lebte. Die Leute fanden dort immer wieder Feuerstellen, auch in den kleinen Höhlen. Nie ging einer allein zum Beerenpflücken. Das Verhalten der vielen Obdach- und Arbeitslosen, die es in dieser schlechten Zeit gab, konnten wir kaum einschätzen, deshalb waren wir vor ihnen auf der Hut.

Auch in den Dörfern begann sich die politische Lage zuzuspitzen. Junge Männer trugen lange Stiefel und zum Teil Uniformen. So sahen wir sie manchmal, wenn sie auf Motorrädern vorbeifuhren. Auf unserem Hof aber herrschte noch Ruhe. Außerdem hatten wir ja unsere beiden Knechte, Schorsch und Alfred, die schon fast zu unserer Familie gehörten. Durch sie fühlten wir uns beschützt, denn mit ihnen lebten mehr Männer auf unserem Hofgut. Manches, was draußen passierte und vielleicht erregt diskutiert wurde, ging erst einmal an uns vorbei. Doch in den Zeitungen las Vater oft Meldungen, die er nicht gut fand.

Scheunenbrand

Das Jahr 1932 brachte uns erneut Unglück. Ein Großbrand vernichtete zwei riesige Scheuern. Die eine war mit Heu angefüllt bis unters Dach – sie stand etwa 50 bis 60 Meter abseits der Hauptgebäude und hatte keinen Stromanschluss. Die zweite Scheuer hatte ebenfalls keine Stromversorgung, sie bestand aus Wellblech und war mit Getreide gefüllt. Neben den beiden Scheuern verbrannten auch die Dreschmaschine mit Motorwagen und ein mit Weizen voll beladener Wagen, der für den Verkauf an die Mühle hergerichtet war.

Mein Vater erwachte in dieser Nacht gegen halb drei und sah einen Feuerschein am Fenster. Er schrie, sodass wir schlagartig aufwachten und aus dem Haus stürmten. Wir klopften bei Onkel Christian und seiner Familie so lange, bis auch sie wach waren. In unseren Nachthemden standen wir Kinder auf der Eingangstreppe des Hauses und sahen das lodernde Feuer. Die Erwachsenen hatten sich rasch angezogen und rannten über den Hof zum Brandherd. Sie riefen uns noch zu, dass wir etwas anziehen sollten, im selben Moment fiel die Blechscheuer schon in sich zusammen. Die Dreschmaschine brannte lichterloh und auch das Getreide auf dem brennenden Wagen konnte nicht mehr gerettet werden. Die ganze Luft war voll beißendem, stinkendem Rauch.

Bis die Feuerwehren aus Orlach und Obersteinach zum Löschen anrückten, waren beide Scheuern zusammengebrochen. Wir hatten bereits das gesamte Vieh aus dem Stall geholt und auf eine Weide auf der anderen Straßenseite gebracht. Doch manche Kuh war so verstört, dass sie ausbrach und in Richtung Hof zurücklief, auf das Feuer zu.

Nun wurden die beiden Pferde dazugeholt, die ebenfalls im Viehstall gestanden hatten. Dann erst sammelten sich die Kühe um die Pferde und beruhigten sich etwas. Diese Pferde gehörten Familie Heilmann – Bauersleute, die in Not geraten waren und vorläufig auf dem Hof unserer Eltern ein neues Zuhause gefunden hatten. Mit zwei kleinen Kindern, ein wenig Hausrat, einigen Kühen und eben diesen beiden Pferden waren sie aus Goggenbach nach Niedersteinach gekommen. Wir hatten noch Platz im Stall, und das kleine Gesindehaus gegenüber stand leer. Dort zogen sie ein.

Ob unsere Eltern die Familie schon vorher gekannt hatten, weiß ich nicht mehr. Aber dass wir in der Brandnacht ein Mutterschwein mit 16 Ferkeln einfach bei Heilmanns in die Stube schoben, daran erinnere ich mich noch sehr genau. Überall hatten wir Tiere und Jungvieh untergebracht. Kälber waren im Entenstall, Enten bei den Gänsen. Die unteren Scheunen belegten wir nicht, weil die Funken in diese Richtung fliegen konnten. Auf dem gesamten Hof herrschte ein großes Durcheinander.

Die Feuerwehr hatte im Grunde nichts mehr zu löschen. Sie bespritzte noch den hohen Giebel am Viehstall, damit die Balken nicht Feuer fingen. Durch die Hitze konnten ja schnell Funken überspringen oder das Gebälk konnte sich selbst entzünden. Es dampfte und zischte überall. Drei Wagen Stroh unter dem Vordach des großen Viehstalls schoben wir schnell noch weg, denn sie waren durch den Funkenflug gefährdet – wie unser Wohnhaus überhaupt. Das Wasser des kleinen Feuersees war bald verspritzt. Bis der große Brunnentrog sich erneut mit Wasser gefüllt hatte, mussten immer wieder Pausen eingelegt werden. In der Not schütteten wir auch Mistbrühe auf das brennende Stroh.

Gegen 8 Uhr konnte das Vieh wieder in den Stall zurück, aber manches Tier scheute. Es wollte nicht hinein, denn überall roch es noch intensiv nach dem Brand. Auch wir Kinder wollten nicht allein im Haus bleiben, wir hatten Angst. Die Eltern waren erschöpft von der Aufregung und den Anstrengungen. Tagelang qualmten und rauchten die Brandherde noch, die Brandwachen blieben auf dem Hof und zogen mit langen Haken das schwelende Heu auseinander. Damit sollte verhindert werden, dass die Glut wieder aufflackerte und erneut einen Brand auslöste.

Natürlich betrieben wir auch Spurensuche, aber die gestaltete sich schwierig. In der Nähe waren Weiden, rundum befand sich Wald. Es war kalt, nur ein wenig Raureif bedeckte die Natur. Letztlich konnte die Polizei nichts Verdächtiges finden.

Unser Großbrand war nicht der einzige in dieser Zeit. Auch auf der anderen Kocherseite brannten Scheunen ab und weiter oben, in Richtung Crailsheim. Ob jemand hinter diesem Treiben steckte, ob die Brände gelegt wurden oder ob es sich einfach um einen Zufall handelte, wusste niemand zu sagen. Es waren schlimme Zeiten. Viele Landstreicher zogen umher, schliefen nachts in Scheunen, ohne dass die Bauern davon wussten. Wie schnell konnte da – auch aus Unachtsamkeit – ein Brand ausgelöst werden. Unsere Scheunen hatten Rolltore, die man nur aufschieben musste, sie waren nicht abgeschlossen.

Später vermutete man, dass die beiden Scheunen, die so plötzlich brannten, vermutlich angezündet worden waren. Jemand musste sie von hinten in Brand gesteckt haben. Keiner der Hunde, die ihre Hütten im Hof hatten und immer draußen waren, hatte angeschlagen. Das war und blieb uns allen ein Rätsel. Warum hatten die Hunde nicht angeschlagen? Warum?

Die Tage und Nächte nach dem Brand waren schrecklich, keiner schlief mehr ruhig, auch wir Kinder schreckten nachts oft auf und weinten. In der Schule standen wir im Mittelpunkt, die Lehrer und Schulkameraden fragten uns aus. Schnell verbreiteten sich Angst und Unsicherheit und die Frage, wo es wohl das nächste Mal brennen würde. Wir waren ja vor allem mit Bauernkindern zusammen in der Schule, alle kamen von einem Hof, alle Eltern betrieben Landwirtschaft.

Hilfe erhielten wir von unseren Nachbarn. Familie Gehring brachte Mehl zum Backen, denn wir hatten ja kein Korn mehr. Ein anderer Bauer ließ für uns Mehl in der Mühle mahlen. Familie Täuber aus Nesselbach brachte ebenfalls weißes Mehl zum Kochen und Backen. So kamen wir, dank der Hilfe vieler Menschen, über den Winter. Geld fehlte natürlich an allen Ecken und Enden, wir mussten eisern sparen. In einer großen flachen Pfanne röstete Mutter auf dem Herd Gerste, bis sie goldbraun war, dann wurde sie gemahlen und so etwas wie Kaffee davon bereitet. Damit das Gerstenmehl ein wenig wie Kaffeepulver aussah, wurde es mit Zichorie schwarz gefärbt. Die Gerste musste, solange sie auf dem Feuer war, unentwegt gerührt und geschüttelt werden. Sie durfte nicht zu dunkel werden, sonst schmeckte das Getränk daraus bitter. Das war unser Malzkaffee, wir tranken ihn mit Milch und Zucker und er schmeckte wirklich gut!

In diesem Sommer verloren wir auch ein gutes Pferd, eine Stute namens Liesel. Sie hatte ein Fohlen, das prächtig gedieh und bei gutem Wetter, wenn Liesel aufs Feld musste, bereits neben ihr herlief. Dann konnte es immer wieder einen Schluck Milch bei der Mutter holen. Das Fohlen wurde größer und kam auf die Pferdekoppel, nun brauchte es keine Milch mehr. Dennoch sahen sich die beiden täglich im Stall. An jenem Tag war es sehr heiß. Onkel Christian nahm die Pferde mittags mit aufs Feld. Als sie an der Pferdekoppel vorbeikamen, wieherte das junge Fohlen seltsam, Liesel gab Antwort. Es war wie ein Abschiedsgruß. Kaum auf dem Acker angelangt, fiel Liesel um und war tot. Herzschlag. Das Fohlen muss es gespürt haben. Es stand danach noch tagelang traurig am Zaun oder am Tor. Für uns war die Stute ein großer Verlust, denn nun fehlte ein Pferd zum zweiten Gespann.

Eines Tages kam unser Knecht von einem Acker zurück und berichtete, dass die Pferde an einer Stelle des Feldes beim Eggen nicht mehr hatten weitergehen wollen. Da hätte er eben etwas früher Schluss gemacht. Zwei Tage später sollte dort eingesät werden und als man hinauskam, fand sich an dieser Stelle eine tiefe, steilwandige Mulde im Acker. Eine Doline war plötzlich eingebrochen, sie musste aus Sicherheitsgründen weiträumig abgeschrankt werden. Ob die Tiere das beim Darübergehen gespürt hatten? Ross und Reiter hätten dort versinken können.

Das Gut wird aufgeteilt

Nach den schlimmen Ereignissen auf dem Hof und in der Familie wurden meine Eltern nie mehr richtig froh. Die Scheunen wurden nicht mehr aufgebaut. Ob oder wie meine Eltern versichert waren, weiß ich nicht. Aber die wirtschaftliche und politische Situation war insgesamt brisant. Die NSDAP gewann immer mehr an Einfluss. Wer alles im Dorf Parteimitglied war, wussten wir nicht. Alle sprachen nun sehr vorsichtig und manche Freunde verstanden sich plötzlich nicht mehr.

Dann kam das Jahr 1933: die Reichstagswahl. Die Wahllokale waren in Braunsbach und Brachbach. Wir waren verpflichtet, zur Wahl zu gehen. Wer nicht wählte, der hatte verspielt, wie man damals sagte. Als unsere Eltern von der Wahl zurückkamen, trugen auch sie ein gelb glänzendes »JA« an der Jacke. Das wurde jedem Wähler angesteckt. Bald hatten sich überall SA- und Volkssturm-Gruppen in den Dörfern organisiert. Doch das war ja noch lange nicht alles, das war nur der Anfang. Was sollte noch alles kommen, was noch alles geschehen!

Aber wir lebten ziemlich abseits und hatten zunächst noch andere Sorgen. Das alte Kurbeltelefon an der Wand war unsere Verbindung nach draußen. Wir benutzten es, wenn wir den Tierarzt brauchten oder einen Handwerker. Der Postbote kam mit dem Fahrrad und die Zeitung war, bis er sie uns brachte, schon einen Tag alt. Das störte aber niemanden.

Doch bald bekamen auch wir die neuen Gesetze des Dritten Reiches zu spüren. Die großen Güter wurden in mehrere kleine Bauernstellen aufgeteilt. Eine Landsiedlergesellschaft in Stuttgart erteilte die Anweisung. Auch unser Hof, den wir erst kurz zuvor gekauft hatten, fiel darunter. Wie genau und unter welcher Rechtsgrundlage alles ablief, habe ich als junges Mädchen nicht mitbekommen. Das gesamte Hofgut Niedersteinach wurde jedenfalls in sieben Höfe mit je 25 bis 30 Morgen Land aufgeteilt.

Der ganze »Betrieb« wurde nun von einem »Verwalter« geführt. Das war ein blutjunger Bauernsohn, der zwar die

Landwirtschaftsschule besucht, aber noch keine praktische Erfahrung hatte. Wir sollten alle weiterhin mitarbeiten, insgesamt war aber weniger Feld zu bestellen, denn das gesamte Bauland entfiel. Der Ärger blieb nicht aus mit dem jungen Mann. Vater und Onkel Christian kehrten dem Hof schnell den Rücken und wendeten sich wieder der Schäferei zu. Allein die Frauen arbeiteten noch dort, für einen Stundenlohn.

In kurzer Zeit war alles so anders geworden. Gesamte Schulklassen rückten an, um Kartoffelkäfer zu lesen oder um die vielen Disteln auszustechen. Auch ganze Äcker wurden von Hand gehackt – das übernahmen Bewohner aus den Nachbardörfern. Keiner wusste genau, von wo oder wem aus alles gesteuert wurde. Eines Tages fuhren sogar Omnibusse mit Leuten vor, um die Siedlung zu besichtigen. Meine Mutter war immer dem Weinen nahe, wenn sie sich daran erinnerte, dass dies einmal unser eigenes Land gewesen war. Sie musste für etwas büßen, was sie nicht verschuldet hatte. Für die Arbeit auf ihrem ehemals eigenen Hof erhielt sie nur noch einen geringen Lohn. Warum Onkel Christian Eigentum behielt, weiß ich nicht mehr, wir aber mussten zur Miete wohnen, in zwei Zimmern auf einer der neuen Hofstellen. Das belastete meine Eltern noch mehr.

Häuser mit Stallungen wurden nun gebaut – insgesamt fünf, alle gleich groß und gleich geschnitten. Große Baufirmen sorgten dafür, dass alles sehr schnell ging. Dann wurden die fertig gestellten Objekte an junge Paare aus der Umgebung verlost. Meist erbte ja der ältere Bruder den Hof, die anderen Geschwister heirateten in einen anderen Hof ein oder verdingten sich als Knecht – diese erhielten jetzt eine Chance.

Außerdem wurden günstige Darlehen eingeführt und ein Bonus, wenn ein Paar in kurzer Zeit vier Kinder gezeugt hatte. Da blieb der Kindersegen nicht aus. In den meisten Häusern krähten bald drei bis vier Sprösslinge, denn der Staat unterstützte die Familien auch nach der Geburt der Kinder weiter. Auf unserem aufgeteilten Hofgut erhielten folgende Siedler Hofstellen: Familie Hanselmann und Familie Fischer, gegenüber befanden sich die Familien Bauer, Gagstätter und Stepper und auf der anderen Straßenseite rechts wohnten wir und Familie Dörr.

Vor unserem Hof in Niedersteinach: unsere Eltern Friederike und Johann Ohr, meine Schwester Frida und ich (stehend), 1935.

Die ersten Häuser waren schon 1934 bezugsfertig. Tante Marie, die Mutter von Onkel Christians Frau, zog über die Straße ins Gesindehaus. Das war durch Stall und Scheune etwas vergrößert worden. Familie Heilmann zog weg, denn nun gab es ja plötzlich wieder Arbeit: Der Straßenbau und noch vieles mehr waren angekurbelt worden, die Arbeitslosigkeit ging zurück.

Dafür nahm der Parteiendruck überall zu. Junge Männer wurden zum Arbeitsdienst einberufen. Dafür wurden eigens Barackenlager errichtet. In Künzelsau-Nagelsberg entstand auch eines, gleichzeitig baute man einen Weg am Steilhang entlang nach Garnberg. Dies erzählte mir viel später einmal unser alter Hausarzt Doktor Breuninger in Sindelfingen, der dazu eingeteilt worden war.

Auch Frauen kamen zum Arbeitsdienst – so genannte Arbeitsmaiden, die bei Bauern in der Landwirtschaft eingesetzt wurden. Jeder war zu dieser Zeit verpflichtet, einen Dienst abzuleisten.

Konfirmation am 26. März 1935. Wir waren eine kleine Gruppe: Lore Metzger, ich, Dinkels Lina, Pfarrer Dessecker, Eugen Blumenstock, Ernst Stier, davor Amelie Gehring und Diesenbauers Helene (von links).

Am 26. März 1935 wurde ich konfirmiert. Zu dieser Zeit lag noch sehr viel Schnee. Vater kam extra nach Hause, auch Onkel Georg und Tante Rösle Jakob, die 1930 auf den Eschenhof gezogen waren, besuchten uns und ich erhielt schöne Geschenke von Verwandten und Nachbarn.

Am Konfirmandenunterricht, zu dem damals auch schon ein Ausflug gehörte, nahmen außer mir noch vier Mädchen und zwei Jungen teil. Wir mussten den gesamten Katechismus auswendig lernen. Blieb einer beim Aufsagen stecken, war dies fast eine Schande für die Eltern. Aber unser Pfarrer, Herr Dessecker, war freundlich und half sofort weiter.

Mit der Konfirmation – ich war noch keine 14 Jahre alt – ging meine Kinderzeit endgültig vorbei, neue Aufgaben warteten nun auf mich.

Landdienst

Am 1. April 1935 trat ich meinen Landdienst an. Ich kam zu Familie Fischer in eines der neuen Siedlerhäuser nebenan. Hauptsächlich sollte ich mich um ihre kleine Tochter, Irene, kümmern. Aber bald wurde ich zu allen anfallenden Arbeiten herangezogen, zum Melken, Misten und Füttern. Frau Fischer war schwanger und es ging ihr nicht gut.

So hatte ich von früh um sechs bis spät in den Abend hinein schwer zu arbeiten als so genannter »Mistgabelstudent«. Das war ein Scherzwort für das junge Landvolk. Sogar aufs Feld musste ich fahren mit zwei Ochsen vor dem Wagen, um Futter zu holen. Der Bauer hatte das Heu von Hand gemäht. Zum Glück waren die Ochsen gutmütige Tiere und wir kamen immer wieder heil zu Hause an. Auch den Brotteig kneten und den Backofen richten gehörte zu meinen Aufgaben. Das konnte ich schon alles von daheim, denn da hatten wir Kinder ja immer mithelfen müssen. Aber ein bisschen anders war es hier schon. Nun war ich für alles selbst verantwortlich und quälte mich durch.

Selten hatte ich – als Dienstbote – einmal einen ganzen freien Tag. Nur am Sonntagnachmittag bekam ich frei, bis um vier oder halb fünf. Dann ging es wieder zum Melken und Füttern in den Stall. Samstagabends mussten im Stall alle Ackerschuhe gewaschen werden. Wenn sie trocken waren, wurden sie am Sonntag eingefettet. Damals gab es noch keine Gummistiefel.

Alles wurde mit Holz geheizt. Im Winter kaufte Herr Fischer ein Los in Braunsbach auf einem Grundstück, das an einem Steilhang lag. Er ging schon in aller Frühe dorthin und ich sollte später mit den Ochsen und dem Wagen nachkommen.

Wir beluden das Gefährt mit langen Stangen Holz und zurrten sie fest, sodass die Ladung nicht verrutschen konnte. Dann musste ich den steilen Waldweg mit Hilfe des Bremsschuhs hinunterfahren – das war ein spezieller Metallschuh, der mit einer Kette zum Bremsen versehen war. Auf der Stra-

Das Ochsengespann, hier vor dem neuen Siedlerhaus der Familie Hanselmann in Niedersteinach, war schon unbeladen eine Herausforderung für mich.

ße nach Orlach ging es wieder bergauf – zwei Haarnadelkurven, die ich dabei mit dem schweren Langholzwagen zu meistern hatte. Die Strecke war drei Kilometer lang. Den Tieren stand zwischendurch eine Pause zu und ich musste gut »zumiken«, also bremsen, damit der Wagen nicht rückwärts rollte.

Ab Orlach ging es endlich leichter zu fahren, und meine zwei Buben, so nannte ich das Ochsengespann, hätten nun den Heimweg auch ohne mich gefunden. Manchmal frage ich mich heute, wie ich das als junges Mädchen bloß alles geschafft habe. Doch vor diesen Fahrten war mir, wenn ich es bedenke, oft auch himmelangst.

Der Großwaschtag bei Fischers fand im Freien statt. Der Waschkessel stand nahe am Brunnen. An diesen Tagen waren meine Hände oft aufgerieben und rau vom Schrubben der Krägen und Manschetten in der scharfen Soda-Seifenlauge. Waschmaschinen gab es noch lange nicht. Die Wäsche hängten wir im Grasgarten auf, von Baum zu Baum spann-

Mein erster Schützling: Irene Fischer (1936). Der überwiegende Teil des Landdienstes war aber nicht so süß.

ten wir ein langes Seil. Bei gutem Wetter machte es mir Freude, draußen zu waschen, aber im Winter wurde die Arbeit unangenehm.

Einmal war das Wasser knapp, der Brunnen gab kaum noch etwas her, aber die Brunnenstube war voll. Also musste ein Rohr gebrochen sein. Aber wo? Keiner kannte den Verlauf. So half man sich mit einer Notleitung. Zweimal am Tag pumpten jeweils sechs Personen an einer alten Feuerwehrpumpe das Wasser durch die Schlauchleitung von der Brunnenstube zum Brunnen. Fast die gesamte Strecke wurde aufgegraben,

Irene Fischer, ihre kleine Schwester Erna und die Zwillinge (1938). Die Buben kamen kurz nach meinem Landdienst bei Fischers zur Welt.

bis man endlich die schadhafte Stelle fand. Wir waren froh, als endlich wieder Wasser aus den Hähnen kam, denn mit der alten Feuerwehrpumpe mussten wir uns sehr schinden.

Frau Fischers Schwangerschaft ging zu Ende. Sie bekam Zwillinge, doch die Geburt verlief dramatisch. Als erstes Kind gebar sie ein Mädchen, Erna, doch dann ging es nicht mehr weiter. Die Hebamme rief einen Arzt hinzu, der das Kind drehen musste; es war zu spät, um noch ins Krankenhaus zu fahren. Auch meine Mutter wurde zu Hilfe geholt.

Viel später kam ein Junge zur Welt, er sah durch die lange Geburt sehr mitgenommen aus. Sein linkes Ärmchen war gebrochen, das Kind dunkelblau verfärbt, es wimmerte unaufhörlich in seinem Bettchen. Nach einigen Tagen starb der Kleine. Nun galt die ganze Sorge der sehr erschöpften Wöchnerin, damit sie durchkommt – und auch dem erstgeborenen Kind.

Als junges Mädchen beeindruckte mich das alles tief. Manche Illusion von Familienleben, liebendem Mann und goldigen Kindern schwand angesichts dieser Erlebnisse dahin. Auf

Einen Großteil meines ersten Jahresgehalts investierte ich in ein Fahrrad. 60 Reichsmark habe ich 1936 dafür bezahlt.

mich kam dadurch ohnehin noch mehr Arbeit zu. Sogar meine Mutter half jetzt öfter mit, bis Frau Fischer wieder halbwegs bei Kräften war und selbst ein wenig im Haushalt tätig sein konnte. Was ich außerdem zusammen mit Bauer Fischer draußen auf den Äckern und im Stall bewältigen musste, war enorm.

Von meinem ersten Jahresverdienst kaufte ich mir ein Fahrrad – das steht noch heute bei mir im Keller. 60 Reichsmark kostete es. Dazu brauchte ich allerdings einen dicken Besen, damit mir die Muttersau nicht zu nahe kam. Der Rest reichte gerade noch für Schuhe und Sonntagskleidung. Insgesamt verdiente ich lediglich 100 Reichsmark für ein ganzes Jahr voller Arbeit, harter Arbeit.

Mädchenkreis

Nach der Konfirmation zählte man im Dorf bald zu den Großen. In Orlach gab es einen Mädchenkreis, der samstagabends im Gemeindesaal zusammenkam. Bei gutem Wetter lernten wir Volkstänze im Pfarrgarten, sonst las die Pfarrfrau eine Geschichte vor. Die Bibelarbeit leitete Pfarrer Dessecker. Das Pfarrhaus war für die Dorfjugend ein schöner Treffpunkt. Einmal nahm ich mit einer Freundin an einer kirchlichen Freizeit in Wiesenbach bei Blaufelden teil. Dort erlebten wir eine wunderbare Radtour.

Nach den Treffen bei den Pfarrleuten begleiteten uns oft die Burschen des Dorfes nach Hause. Mit denen hatte ich keine Probleme, denn ich sagte ihnen klar und deutlich, wo es langging; das respektierten sie. Einer wurde trotzdem frech und hatte Pech: Er musste meine »Handschrift« im Gesicht hinnehmen. Von da an begleiteten mich meist zwei Freunde mit dem Rad.

Manchmal nahm ich aber auch als Einzige aus Niedersteinach an einer Veranstaltung teil – und keiner der Burschen konnte mich nach Hause begleiten. Dann ging Pfarrer Dessecker mit mir bis auf die Anhöhe und wartete dort so lange, bis ich am Wald vorbei war. Denn vor dem hatte ich nachts immer Angst. Außerdem gab es auch Feuchtwiesen ringsherum, auf denen Irrlichter tanzten – das waren kleine blaugelbe Flämmchen, wahrscheinlich Erdgase. Sie sahen einfach zu gespenstisch aus.

Bei einem Tanzabend traf ich einmal zwei Krankenschwestern, die beim Roten Kreuz in Stuttgart arbeiteten. Sie erzählten von ihrer Arbeit im Krankenhaus und das interessierte mich plötzlich viel mehr als die Tanzerei. Damals erwachte wohl mein Berufswunsch. Die beiden Schwestern waren Bauerntöchter, sie stammten von großen Höfen, aber den Erbhof bekam üblicherweise der älteste Sohn zugesprochen. Deshalb hatten sie sich einen eigenen Beruf gewählt. Das war in diesen Zeiten noch etwas Ungewöhnliches, vor allem auf dem Land.

Erntedankfest der Volksbewegung 1938. Dazu gehörten geschmückte Wagen und Partei-Ansprachen. Uniformen waren mehr und mehr zu sehen, da auch die gesamte Landwirtschaft politisiert wurde.

Alpenausflug

Im Juli 1936 plante die Dorfjugend einen Ausflug in die Schweiz zusammen mit dem Pfarr-Ehepaar Dessecker. Das war ein tolles Vorhaben. Weil ich aber im Dienst beim Bauern Fischer stand, meinte Mutter, dass es sich für mich als Dienstmagd nicht gehöre, zusammen mit der Dorfjugend – lauter Bauerntöchter und Bauernsöhne – einen Ausflug zu machen. Da wurde mir die Situation zum ersten Mal bewusst – und es stieß mir sauer auf: Aha, so sieht das also aus! Aber ich beschloss mitzufahren – tatsächlich fragten mich auch die anderen, ob ich mitfahren könnte. Warum denn nicht, sagte ich. Das ganze Jahr arbeite ich wie die anderen jungen Leute, dann werden mir wohl auch ein paar freie Tage zustehen. Also fuhr ich mit und habe heute noch wunderschöne Erinnerungen an den Aufstieg zur Meglisalp.

Oben auf der Alp nächtigten wir auf einem Matratzenlager. Das war vielleicht ein Spaß, bis geregelt war, wer wo schlafen konnte oder durfte. Jetzt hatten die älteren Mädchen plötzlich Bammel vor den Burschen. Das Problem war schnell behoben. Das Ehepaar Dessecker schlief im Mittelgang, rechts davon die Mädchen, die Burschen links. Doch waren immer noch drei Jungen übrig, die auf der Mädchenseite untergebracht werden mussten. Keine der Großen wollte neben einem Jungen liegen. Damit endlich Ruhe sein würde, bot ich – als Jüngste – an, mich eben da außen hinzulegen. Wenn einer frech werden sollte, sagte ich, würde ich schon Ohrfeigen austeilen, und wenn es mitten in der Nacht wäre, sodass alle wach würden. Da gab es ein großes Gelächter und alle konnten anschließend gut schlafen.

Die Waschgelegenheiten befanden sich vor der Hütte und das Wasser war furchtbar kalt. Deshalb machten wir morgens nur eine Katzenwäsche. Draußen lag tiefer Schnee, doch im Laufe des sonnigen Tages war er schnell weggeschmolzen.

Am nächsten Tag startete wir unseren Aufstieg zur Säntisspitze. Aber leider wurde das Wetter immer schlechter. Der Berg verschwand schnell hinter Nebelschwaden und dichten

Vor dem Schweiz-Ausflug der Dorfjugend – allesamt Bauerntöchter und -söhne – wurde mir meine »Stellung« als Dienstmagd bewusst. Am Säntis war dann klar: Das geht so nicht weiter!

Wolken. Wir fassten uns alle an den Händen, um einander nicht zu verlieren und gingen langsam vorwärts. Von oben hörten wir zwar schon die Hunde bellen, aber dann konnten wir einfach nicht mehr weiter – zu dicht war der Nebel. Ganz langsam stiegen wir wieder ab und trafen vollkommen durchnässt bei der Hütte ein. Dort wurden wir schon mit großer Sorge erwartet, denn vom Säntis war inzwischen gemeldet worden, dass eine Gruppe nicht angekommen war. Am nächsten Tag stiegen wir – nun wieder bei schönstem Wetter – ab zur Talstation. Zwar waren wir nicht ganz so weit gekom-

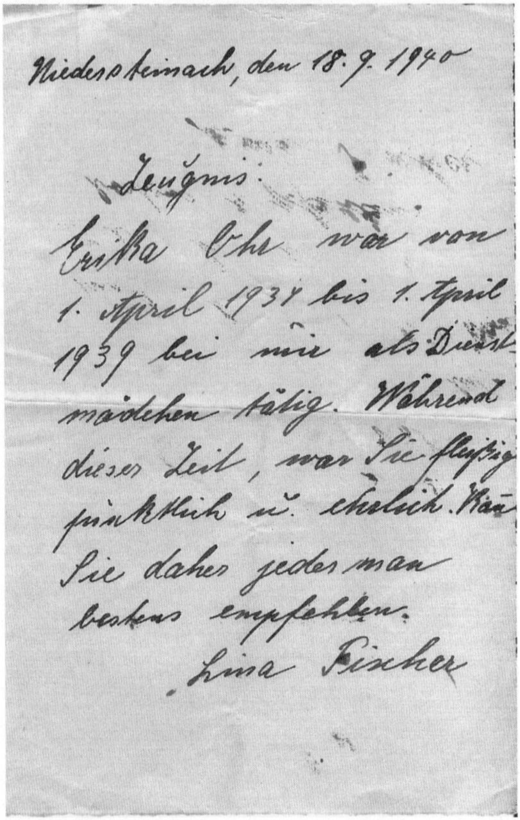

Niedersteinach, den 18.9.1940

Zeugnis.

Erika Uhl war vom 1. April 1934 bis 1. April 1939 bei mir als Dienstmädchen tätig. Während dieser Zeit, war Sie fleißig pünktlich u. ehrlich. Kann Sie daher jedermann bestens empfehlen.

Lina Fischer

Mein Abschlusszeugnis von Frau Fischer. Ich habe es allerdings erst 1940 für meine Bewerbungsunterlagen angefordert. So kam es wohl zu der viel zu langen Dienstmädchenzeit.

men, wie wir geplant hatten, doch brachten wir alle ein wunderbares Bergerlebnis heim, mit Erinnerungen an Gämsen, Alpenrosen, Bergseen und Wasserfälle. Mich hat dieser Ausflug sehr bereichert und noch heute erinnere ich mich an den ersten Anblick des Bodensees mit der Bergkette der Alpen im Hintergrund.

Auf der Rückfahrt besuchten wir noch die Anstalten Wilhelmsdorf und Heiligenberg, eine Art Jugenderziehungsheim.

Dort war Frau Dessecker aufgewachsen, ihre Eltern hatten diese Einrichtung geleitet. Im Hof standen zwei riesige Blutbuchen, von dort konnten wir das Oberland bis zum Bodensee überschauen.

Dankbar und voller schöner Bilder und Erinnerungen kamen wir nach Hause zurück und widmeten uns wieder unserer täglichen Arbeit. Doch für mich stand nun fest, dass ich etwas anderes wollte als Landwirtschaft. Das kannte ich ja zur Genüge. Dienstmagd zu sein war mir einfach zu wenig. Mutter hatte ohnehin schon immer gesagt, dass wohl keiner ein so dürres Mädchen wollte, denn ich sähe nicht so aus, als könnte ich viel arbeiten. Damals war ich groß und schmal, aber ich war zäh. Und rennen konnte ich schon als Kind immer schneller als die anderen.

Also wartete ich auf eine Chance. Diese bot sich im »Sonntagsblatt« im Frühjahr 1937 – ich war noch nicht ganz 16 Jahre alt. Im Pfarrhaus Yelin in Ruppertshofen wurde eine Haushaltshilfe gesucht. Für mich konnte dies ein erster Schritt sein. Ich bewarb mich und schon nach kurzer Zeit kam die Pfarrfrau vorbei. Wir machten den ersten April für meine Anstellung fest. Auf meinen Platz bei Fischers rückte meine jüngere Schwester Frida nach. Dadurch entstand keine Lücke. Frida wurde dann dienstverpflichtet, weil Frau Fischer nochmals Zwillinge geboren hatte. Meine Schwester war dort bis 1942 tätig.

Pfarrköchin in Ruppertshofen

Nun begann für mich eine schönere Zeit. Natürlich wurde ich als neue Pfarrköchin im Dorf erst einmal neugierig begutachtet. Man fragte sich natürlich, ob so ein junges Mädchen auch etwas konnte. Aber die Fragen und die Neugier legten sich bald.

Familie Yelin hatte zwei Mädchen, sie waren drei und eineinhalb Jahre alt. Mit Kindern konnte ich ja gut umgehen und so war man im Pfarrhaus mit mir schnell sehr zufrieden. Mir lief die Arbeit leicht von der Hand, im Haus war zwar noch viel Neues zu erlernen, aber ich kam damit zurecht und wusste schnell Bescheid. Endlich kein Kuhstall mehr!

Das Haus war leicht sauber zu halten. Nur der Garten war schlecht gepflegt; dort schaffte ich zügig Ordnung, zuerst im Hausgarten, dann auch im Obstgarten. Bald sah man überall meine Handschrift und die Pfarrleute ließen mich gewähren. Die Beete hatte ich zuerst angelegt, sodass wir schnell das erste Gemüse ernten konnten. Die Bäuerinnen des Ortes staunten und so stieg mein Ansehen als Pfarrköchin. Im Obstgarten standen große Apfel-, Kirsch- und Pflaumenbäume, dazu Haselnussbüsche und eine sehr alte Linde. Ringsherum lief eine Raubuchenhecke, die einmal im Jahr geschnitten wurde. Außerdem befand sich im Garten ein kleines Gerätehaus mit Tisch und Liegestühlen. Hinzu kamen Wippe und Schaukel für die Kinder – es war ein kleines Paradies, das zudem nur 120 Meter vom Pfarrhaus entfernt lag, also in Rufweite. Vor dem Haus wuchsen in einem halbrunden Beet Gladiolen und Astern – die waren unser ganzer Stolz. Am Haus kletterte eine rosarote Buschrose hoch. Die Pergola über dem Eingang war mit Weißem Heinrich überwachsen, daneben blühte blauer Flieder. Hier war es einfach schön. Wir mussten viele Blumen für den Kirchschmuck pflanzen, aber zusätzlich brachten uns die Frauen aus Ruppertshofen auch Blumen aus ihren Bauerngärten.

Das Pfarr-Ehepaar war sehr beliebt. Mit den Nachbarn knüpfte ich bald Kontakte, auch die jungen Leute lernte ich schnell kennen und sang außerdem im Kirchenchor mit. Die Pfarrfrau spielte die Orgel. Der Pfarrer predigte in zwei Kir-

Unter der Pergola am Pfarrhaus-Eingang in Ruppertshofen: Pfarrer Herbert Yelin, seine Frau Augusta Yelin, die Kinder Ulrich, Helga und Ingrid (vorn). Im Hintergrund die Pfarrscheune (1942).

chen, deshalb musste ich meist bei den Kindern bleiben und kochen, denn Hunger hatten alle – auch am Sonntag. Sonntagnachmittags hatte ich frei. Meist traf sich die Dorfjugend im oder beim Gasthof »Ochsen«. Dann zogen wir oft singend ins Nachbardorf. Oder Jung und Alt saßen zusammen in einem Garten unter Bäumen und man erzählte sich Dorfgeschichten.

Im Sommer fuhr ich manchmal zu meinen Eltern nach Künzelsau. Sie waren 1937 von Niedersteinach weggezogen in das Haus der Großeltern Ohr, das neben Großvaters Schafstall in der Seestraße stand. Das war eine weite Strecke mit dem Rad: hin und zurück jeweils etwa 30 Kilometer, bergauf und bergab – und das ohne Gangschaltung.

Veränderungen

Seit ich in Ruppertshofen arbeitete, hatte sich viel für mich geändert. Ich durfte zu einem Tanzkurs zusammen mit den Jungen und Mädchen des Dorfes. Im Winter ging ich an einem Nachmittag in der Woche zu einem Nähkurs. Die Nähmaschine borgte mir eine alte Bäuerin, der ich dafür ihrem Sohn ein paar Hemden nähte, worüber sie sehr froh war. Die Pfarrleute waren großzügig und erlaubten mir das, abends konnte ich noch so manche Arbeit nachholen. Die Kurse fanden im Gasthaus »Ochsen« statt, das genau gegenüber dem Pfarrhaus lag. So ging ich aus unserem Haus hinaus und gegenüber schon wieder hinein. Diese Zeit in Ruppertshofen war für mich wunderschön.

Doch auch die Politik spürten wir im Pfarrhaus. Viele Auszüge aus dem Kirchenregister mussten angefertigt werden. In der Kirche saßen Spitzel, die aufpassten, was der Pfarrer predigte und die Acht gaben, dass er das Richtige sagte. Auch unter den Pfarrern gab es verschiedene Meinungen zu dem, was geschah. Im Dorf waren jetzt schon viele Bewohner bei der SA und beim BDM, dem Bund Deutscher Mädchen. Für mich als junges Mädel wurde es schwierig, in diesen Zeiten in einem Pfarrhaus zu arbeiten.

Wenn in einem Bauernhaus die Frau erkrankte oder im Wochenbett lag, half ich aus. Egal, ob beim Melken, beim Heumachen oder bei der Ernte – manche Not konnte gelindert werden. Einmal stürzte ich bei der Fahrt zu einer Kranken vom Rad und verletzte mir den rechten Arm. Das war für alle unangenehm – zum Glück habe ich ihn mir nicht gebrochen. Zu dieser Zeit herrschte aber in den Ställen gerade die Maul- und Klauenseuche. Auf den Straßen und vor den Häusern lagen überall Desinfektionsstreifen. Man riet, nicht ins Nachbardorf zu gehen, doch ich musste zum Arzt nach Ilshofen. Schließlich wollte ich weiterarbeiten und Nachbarschaftshilfe leisten, was die Pfarrfrau manchmal nicht so richtig verstand. Ich aber hielt die Arbeit für notwendig, auch wenn ich vielleicht nur für zwei Stunden gebraucht wurde. Als Dank gaben mir die Frauen oft Eier oder Milch.

Schürzenparade! Stolz scharen wir Schülerinnen uns um Karoline Hofmann, die Leiterin des Nähkurses, hinten in der Mitte, ich stehe links außen, 1938/39.

Mit der Pfarrfamilie fuhr ich öfter in benachbarte Orte zum Pfarrkranz, manchmal sogar bis nach Crailsheim oder Kirchberg. Dabei beaufsichtigte ich ja gleich die Kinder. Bei einem Urlaub im Elternhaus von Frau Yelin lernte ich auch die Stadt Esslingen kennen.

Zu den Kindern hatte ich ein so gutes Verhältnis, dass sie sogar zuerst nach mir riefen, wenn Gefahr drohte oder etwas passiert war, erst dann nach Mama oder Papa. Die meiste Zeit verbrachten sie ja mit mir und waren um mich herum. Die kleine Helga nannte mich »Age«, als sie sprechen lernte – Erika konnte sie noch nicht sagen, deshalb hatte sie ihre eigene Kurzform für meinen Namen gewählt. Wenn das gelbe Bierauto beim »Ochsen« vorfuhr, flüchtete Helga zu mir auf den Arm. Aber sehen und wissen wollte sie doch, was dort am Gasthof geschah.

In meinem zweiten Ausbildungsjahr erwartete Frau Yelin wieder ein Kind. Aber die Schwangerschaft war nicht einfach, meist musste sie wegen Blutungen liegen. Von da an hingen die beiden Kinder noch mehr an mir. Auch der Vater war viel beschäftigt: Er musste Religionsunterricht an zwei Schulen geben, Predigten und Beerdigungen vorbereiten, Hochzeiten und noch vieles mehr. Die Ahnenpass-Arbeiten – der Pfarrer musste Nachforschungen in den Kirchenbüchern zum Nachweis arischer Abstammung anstellen – nahm ihm größtenteils seine Frau ab.

Nun rückte der Zeitpunkt der Geburt näher. Doch der kleine Junge war nicht lebensfähig und starb schon nach 19 Stunden. Die Mutter lag noch in Crailsheim im Krankenhaus, der Vater brachte das tote Kind heim und musste es selbst beerdigen. Ich bettete das kleine Wesen in einen weißen Sarg mit rosa Rosen vom Hausbusch und trug es darin zum Friedhof. Der Vater und Pfarrer ging neben mir. Das waren traurige Tage, auch für die beiden Mädchen, denn wir hatten das Kinderzimmer schon eingerichtet. Nun war es wichtig, dass die Mutter gesund heimkam und sich erholte. Aber es dauerte Wochen, bis im Haus wieder Fröhlichkeit einkehrte.

Im Obstgarten warteten zur Erntezeit viele Himbeeren und Träubele – so heißen Johannisbeeren bei uns – die gepflückt und für den Winter eingekocht werden wollten. Außerdem habe ich Apfelsaft gepresst und Sauerkraut gestampft. Zu dieser Zeit war es auch noch üblich, für den Winter Eier im Wasserglas einzulegen. Es gab keine Hausfrauenarbeit, die ich nicht erlernt hätte: von der großen Wäsche, die im Kessel gekocht und von Hand gewaschen wurde bis hin zum Talar bügeln und Beffchen stärken.

In der Küche brachte man mir auch bei, wie man Pasteten aus Blätterteig zubereitete. Wenn die Mütter der Konfirmanden zum Kaffee kamen, gab es ein spezielles Gebäck, das wir ebenfalls selbst herstellten: Äpfel im Schlafrock. Das war meist im Februar oder Anfang März. Die Frauen brachten dafür etwas mit: Eier oder auch Metzelsuppe und Schmalz, Rauchfleisch oder ein gutes Bauernbrot.

Frau Yelin besaß schon damals einen Führerschein. So war es möglich, mit dem Auto zum Einkaufen auch in die Nach-

Pfarrer Yelins Reich: Die Kirche in Ruppertshofen war damals verputzt, die Fenster im »ersten Stock« brachten Licht auf die zweite Empore.

barorte zu fahren. In Ruppertshofen gab es zwei kleine Geschäfte, wo man Zucker, Salz, Essig und Öl kaufen konnte. In einem erhielt man sogar etwas Geschirr, auch Briefpapier, Schulhefte und eine kleine Auswahl an Kurzwaren. Aber zum Leben reichte es für die Inhaber nicht. Zu einem Laden gehörte eine Gaststätte, dort konnten die Junglehrer des Dorfes essen. Im anderen Geschäft war der Vater Maurermeister. Einen Bäcker gab es auch; dorthin brachten wir unsere Kuchen zum Backen und später im Jahr das Weihnachtsgebäck. Außerdem hatten in Ruppertshofen ein Schuhmacher und ein Schneider ihre Läden. So war das Dorf mit dem Nötigsten versorgt. Die größeren Bauern beschäftigten meist eine Dienstmagd und einen Knecht, wenn sie nicht eigene Kinder hatten.

Auch ein Armenhaus befand sich in Ruppertshofen. Dort wohnte während meiner Dienstzeit ein alter Mann. Früher war er als Ziegeleiarbeiter in Ilshofen beschäftigt. Wenn ich ihm das Essen brachte, lag er meist im Bett auf dem Strohsack. Selbst konnte er sich nichts mehr zubereiten, deshalb sorgte die Gemeinde für ihn, bis ein Platz im »Tempelhof« für ihn frei war. Das war eine Art Altersheim oder Heim für Bedürftige. Dort verstarb er bald nach seiner Einlieferung.

Am Wochenende brachte uns der Briefträger Fleisch und Wurst aus Ilshofen mit: Herr Horlacher fuhr mit dem Motorrad beim Pfarrhaus vor, klingelte, nahm die Bestellung mit, gab den Zettel beim Metzger ab und konnte auf der Rückfahrt vom Postamt alles abholen. So kamen Post und frische Wurst gemeinsam ins Haus. Das war zu dieser Zeit ein prima Service.

Ich will mehr!

Langsam bekam ich Druck von der Partei: Ich müsse nun in den BDM eintreten, das gehöre sich so für ein deutsches Mädchen. Die Pfarrfamilie wurde deshalb von manchen Dorfbewohnern bereits schief angesehen, und die Parteigenossen sprachen bei Pfarrer Yelin vor. Eines Tages kaufte ich mir eben eine weiße Bluse und einen dunkelblauen Rock. Aber die Dienstabende besuchte ich sehr unregelmäßig, weil ich zu der Zeit, als diese anfingen, meine Arbeit noch gar nicht beendet hatte. Die Arbeit verschieben wollte ich nicht: Das hätte bedeutet, abends gegen 22 Uhr nochmals in der Küche anzufangen, um den Rest des Geschirrs zu spülen. So bekam ich öfter einen Anpfiff von der Gruppenleitung. Ich war ohnehin anderer Meinung als diese und deshalb machte mir das nichts aus. Außerdem wusste ich damals schon, dass auch Ruppertshofen für mich nur eine Zwischenstation war. Ich wollte mehr! Ich wollte einen Beruf erlernen! Wie es weitergehen sollte, zeigte sich bald.

In diesem Winter fand im Dorf in den Abendstunden ein Kurs für häusliche Krankenpflege statt. Erst wenn man 18 Jahre alt war, durfte man hingehen. Den Unterricht hielt eine Krankenschwester, die viele praktische Übungen mit uns durchführte. Der Kurs hat mich in meiner Entscheidung, einen Beruf in dieser Richtung zu erlernen, bestärkt.

1939 begann der Krieg mit Polen. Die jungen Burschen meines Jahrgangs hatten gerade ihren Wehrdienst hinter sich und mussten gleich an die Front. Viele Mütter weinten, so mancher war enttäuscht über die Allmacht der Partei.

Die Pfarrfrau gebar noch einen Jungen, er hieß Ulrich, war gesund und gedieh gut. Aber die beiden Mädchen erkrankten an Keuchhusten. Deshalb durfte die Mutter mit dem Neugeborenen nicht nach Hause. Das Pfarrhaus in Landsiedel nahm die beiden vorübergehend auf. Sechs Wochen blieben sie dort. Für mich bedeutete das eine harte Zeit. Allein musste ich im Pfarrhaus die ganze Arbeit verrichten und hatte dabei noch die zwei kranken Mädchen zu versorgen. Am schlimmsten waren die Hustenanfälle der Kinder in der Nacht.

Der Pfarrer und seine Mutter, die auch im Haus wohnte, bewältigten die Situation kaum. Nach einer Woche zog ich mit den Kindern zusammen ins Schlafzimmer, der Vater zog einen Stock höher. Er brauchte Entlastung, denn er musste ja unterrichten und predigen und am Morgen halbwegs ausgeruht sein. Die alte Frau Yelin unterstützte mich, so gut sie konnte. Unsere Besuche in Landsiedel bei der Pfarrfrau und dem Neugeborenen spielten sich wegen der Ansteckungsgefahr von der Straße aus ab. Mutter und Baby kamen ans Fenster, während wir am Gartenzaun standen. Aber auch diese Zeit ging vorüber.

Endlich bewarb ich mich beim Roten Kreuz in Stuttgart um einen Ausbildungsplatz zur Rotkreuzschwester. Dazu musste ich eine Menge Papiere besorgen. Ich brauchte eine Befreiung vom Arbeitsdienst, einen Ahnenpass und einen arischen Abstammungsnachweis. Schließlich musste ich mein Vorhaben auch meinen Pfarrsleuten offenbaren, denn die Post an mich kam ja ins Haus und das hätte Fragen aufgeworfen. Es folgten viele und lange Gespräche, ob es richtig sei, was ich vorhätte. Gerne sahen sie mein Weggehen nicht, aber dass ich mehr wollte als nur einen Haushalt führen, das konnten sie verstehen. Nun brauchte ich Urlaub.

Für den Ahnenpass war ich mehrere Tage im Hohenloher Land unterwegs. Das meiste erledigte ich mit dem Fahrrad, besorgte, soweit es ging, alles vor Ort. Ich wusste ja, wie lange es dauern konnte, bis ein Pfarramt einen Ahnennachweis erbrachte. So fuhr ich vom Kochertal ins Jagsttal, weiter ins Taubertal, dann nach Mergentheim. Auf den langen Wegen fing ich mir auf den Kalkschotterstraßen auch mal einen Platten am Fahrrad ein. Dann unterbrach ich meine Reise kurz zum Flicken. Mit Spucke prüfte ich, ob der Reifen wieder dicht war, montierte ihn und radelte weiter.

Einmal kam ich erst spät in Hohebach an. Der Pfarrer war nicht sehr erfreut, als ich ihm mein Anliegen vortrug, aber ich musste noch am selben Abend nach Künzelsau zurück. Und das bei Nacht, allein. Die lange, lange Steige hoch musste ich schieben. Wenn ein Auto kam, versteckte ich mich und legte mich samt Fahrrad in den Straßengraben, bis es vorbei war. Mutter, die wusste, dass ich unterwegs war, hatte Angst um mich. Und ich selber hatte auch Angst! Nach langem Hin und Her wurde ich endlich vom Arbeitsdienst befreit. Nun fehlte nur noch eine amtsärztliche Bescheinigung, die bestätigte, dass ich gesund war. Auch das klappte.

Im Dorf wollte keiner glauben, dass die Pfarrköchin Rotkreuzschwester werden und fortgehen wollte. So ein lustiges junges Mädchen kann doch nicht im Krankenhaus leben, sagten die Leute. Erst als im September meine großen Koffer weggeschickt wurden, glaubten sie, dass es mir Ernst war. Eine Nachfolgerin für mich hatten die Pfarreltern zwar noch nicht in Aussicht, aber ein Mädchen aus der Nachbarschaft wollte aushelfen, bis Yelins wieder eine Haushaltshilfe gefunden hatten.

Die dreieinhalb Jahre im Pfarrhaus in Ruppertshofen waren eine sehr schöne Zeit für mich. Auch hatte ich dort mehr Geld als beim Landdienst verdient. Im ersten Vierteljahr gab es 20 Reichsmark im Monat, später 25, dann 30 und zum Schluss hatte ich 40 Reichsmark pro Monat – das waren noch andere Zeiten.

Am 1. Oktober 1940 begann ich meine Ausbildung in Stuttgart, in der Klinik Silberburgstraße 80.

2. Teil

Schwesternausbildung, Frontschwester, Heimkehr 1940–1945

Die Arbeitstracht der Schwesternschülerin. Bei meinem Besuch im Pfarrhaus in Ruppertshofen 1941 trug ich einen Seitenscheitel, obwohl die Oberin uns strikt auf Mittelscheitel verpflichten wollte.

Lernschwester

Am 1. Oktober 1940 fuhr ich per Zug von Künzelsau nach Stuttgart mit gemischten Gefühlen: Was würde wohl auf mich zukommen? Das Neue begann gleich am Bahnhof. Ich musste in die Straßenbahn steigen und bis zur Haltestelle Silberburgstraße fahren. Von dort schleppte ich den schweren Koffer noch einen weiten Weg zu Fuß.

Nun stand ich vor dem Haus. Mein Herz klopfte, ich fasste Mut und klingelte. Eine ältere Schwester in grauer Kleidung öffnete. Sie hatte eine weiße Haube mit den Streifen des Roten Kreuzes auf dem Kopf, trug eine weiße Schürze und am Kleid eine große Rotkreuz-Brosche. So etwa wirst du einmal aussehen, dachte ich.

Im Haus der Schwesternschaft herrschte reges Treiben, denn an diesem Tag kamen 20 junge Mädchen an, die alle den Herbstkurs für die Ausbildung belegt hatten. Eine von ihnen war ich. Noch am selben Tag wurden wir eingekleidet und auf die verschiedenen Krankenhäuser verteilt. Jede von uns bekam drei Kleider, sechs Schürzen und vier Hauben – ohne Band, da wir vorläufig nur Schülerinnen waren.

Die vielen jungen Mädchen zusammen waren wie ein großer Ameisenhaufen. Diejenigen, die in den Krankenhäusern in Esslingen und Göppingen beginnen sollten, wurden zuerst eingekleidet, denn sie mussten noch ein Stück mit der Bahn fahren. Wer in Stuttgart blieb, kam zuletzt dran. Zu sechst wurden wir für die Städtische Frauenklinik in der Bismarckstraße 3 eingeteilt.

Städtische Frauenklinik Stuttgart

Als wir in der Klinik eintrafen, war der Empfang nicht sehr herzlich. Vorwurfsvoll fragten uns die Schwestern, warum wir erst so spät kämen. Eine der Älteren aus unserer Gruppe sagte, dass es im Mutterhaus an diesem Tag viel zu tun gegeben hätte mit all den neuen Schülerinnen, die angereist waren.

Zu viert wurden wir unter dem Dach der Klinik in ein kleines Zimmer eingewiesen; das sollte fortan unsere Bleibe sein. Für Schränke war dort kein Platz, die standen auf dem Flur. Dann brachte uns die Oberschwester auf die Station, auf der wir am nächsten Morgen anzufangen hatten – und zwar um 6 Uhr. Ich kam zu Schwester Käthe auf die Station 2, die Wöchnerinnen-Station.

Inzwischen war es spät geworden und so konnten wir erst in der Nacht auspacken. Uns allen war etwas seltsam zumute. Wir vier Anfängerinnen sprachen uns gegenseitig Mut für den nächsten Tag zu. Wir wussten ja nicht genau, was uns erwartete. Doch dass es hart werden würde, ahnten wir. Da waren diese langen, langen Gänge, die vielen Treppen, die vielen Stockwerke … Aufzüge durften die Schwestern nicht benutzen, das hatte man uns gleich gesagt – und schon gar nicht wir Lernschwestern.

Die meisten Stationsschwestern waren ältere Frauen, tüchtig im Beruf, doch teilweise rechte »Kommandeusen«. Daran musste ich mich erst gewöhnen. Schwester Käthe war klein, wuselig und sehr streng. Zum Glück konnte sie mich gut leiden. Wer sauber und zuverlässig arbeitete, lernte viel bei ihr.

Die Zimmer auf der Wöchnerinnen-Station waren sehr groß, acht bis zehn Frauen lagen darin. In den Räumen befanden sich zwei Waschbecken, die Toiletten waren auf der anderen Seite des Flurs. In der Regel war ich für ein bestimmtes Zimmer eingeteilt. Neben den großen Räumen gab es noch zwei kleine für Privatpatienten und außerdem zwei Betten für die so genannten Kaiserschnitt-Frauen, die mehr Pflege brauchten.

Morgens musste zuerst das Fieber gemessen werden, dann wurden die Waschschüsseln aufgestellt und wieder abgeräumt. Danach wurde gebettet. Oft hatten die Kinderschwestern die zum Stillen aus dem Kinderzimmer gebrachten Kleinen noch nicht wieder eingesammelt. Also legten wir sie auf einen Transportwagen, mit dem wir sie zurückbrachten. Einige Frauen mussten Milch abpumpen, danach wurden Unterleibsspülungen durchgeführt. Dazwischen war das Frühstück auszuteilen und abzuräumen. Bis zur Visite hatten die Nachttischchen peinlich sauber zu sein, dazu die Waschbecken geputzt und die Zahngläser gereinigt. Das alles war unsere Arbeit, sie musste wie am Schnürchen laufen.

Auf Station sollten wir die Waschschüsseln und Bettschüsseln putzen, auch die Reinigung der Toiletten gehörte zu unseren Aufgaben. Und damit nicht genug: Einmal pro Woche hatten wir alle Türen von oben bis unten abzuwaschen. Wir kamen uns vor wie die städtischen Putzfrauen und nicht wie Lernschwestern! Auf den Stationen arbeiteten zwar auch Stationsmädchen, aber sie waren nur für die Zimmerböden und den Flur, die Küche und das Stationszimmer zuständig.

Nebenbei hatten wir noch zweistündigen Unterricht in Wochenbett- und Säuglingspflege, den eine Schulschwester leitete. Er fand wöchentlich einmal nachmittags in unserem Haus statt, ein weiteres Mal im Katharinenhospital. Bis dorthin mussten wir weit laufen. Wir waren ja schon den ganzen Vormittag ab 6 Uhr in der Früh auf den Beinen und viel hin- und hergeschickt worden – da waren wir zu Recht etwas müde.

Der Unterricht fand immer von 14 bis 16 Uhr statt. Oft kam ich erst um 13 Uhr zum Essen, dann hieß es schon: Los zum Unterricht ins Katharinenhospital, alles musste immer »im Galopp« gehen. Die Straßenbahn konnten wir nicht benutzen – doch möglichst eine Viertelstunde nach Unterrichtsende sollten wir wieder auf der Station sein. Das war nicht zu schaffen. Im Laufe der Zeit haben wir uns dagegen gewehrt.

Sechs Wochen verbrachte ich auf der Wöchnerinnen-Station, dann kam ich in den Kreißsaal. Vor dieser Station war hinter vorgehaltener Hand schon immer gewarnt worden. Lauter alte »Dragoner« seien dort, hieß es. Und dazu wurde ich gleich in den Nachtdienst eingeteilt. Das kann ja heiter werden, dachte ich.

Alle Räume, die zum Kreißsaal gehörten, lagen in einem Seitenflügel. Dort hatte auch Chefarzt Doktor Pfleiderer seine Sprechstunde. Das war ein ganz besonderes Heiligtum: Er empfing dort Privatpatientinnen und hatte eine eigene Schwester dafür, Schwester Thea, die rechte Hand des Chefs. Sie war, so fanden wir, ziemlich eingebildet und behandelte uns Anfängerinnen von sehr hoch oben herab.

Am ersten Abend lernte ich Schwester Else kennen, eine Frau um die fünfzig. Sie zeigte mir alle Entbindungsräume: einen großen Raum mit vier Betten, daneben einen kleineren mit zwei Betten und einen weiteren Raum mit nur einem Bett, der für »die Privaten« war. Als ich dort anfing, lagen drei Wöchnerinnen, die entbunden werden sollten. Zwischen den schwangeren Frauen und Schwester Else herrschte eine gute Atmosphäre. Ich sollte zwischen den Frauen mit ihren Wehen hin- und hergehen und ihnen gut zusprechen – auch mal am Bett sitzen, Zeit haben, ihnen das Gefühl vermitteln, dass jemand für sie da ist, sie bei den Wehen unterstützen, in den Wehenpausen zur Entspannung und zum ruhigen Durchatmen anhalten.

Zwei Kinder wurden in dieser Nacht geboren, ein Junge und ein Mädchen. Für mich war es hochinteressant zu sehen, wie die kleinen Geschöpfe herausgepresst wurden und sofort zu schreien anfingen. Ich durfte gleich eine Nabelschnur durchtrennen. Außerdem sammelte ich noch viele, viele weitere Eindrücke: Ich konnte dabei zuschauen, wie so ein Neugeborenes gewogen und gemessen, kurz abgespült und angezogen wird. Dann wurde es der Mutter in den Arm gelegt, die inzwischen ebenfalls weiter versorgt werden musste.

Später brachte ich das Kind ins Kinderzimmer auf Station und übergab es der Nachtschwester. Sie befestigte ein Namensbändchen am Arm des Kindes, das war natürlich das Wichtigste. Die Mutter kam erst später auf die Station. Nach einer Entbindung mussten wir aufräumen und das Bett richten für die nächste Geburt. Manchmal wurde auch gleich im Anschluss dem nächsten Kind geholfen, auf die Welt zu kommen.

Meine ersten drei Nächte im Kreißsaal verliefen ganz gut. Ich beobachtete alles sehr genau und durfte schnell selbst bestimmte Arbeiten verrichten und Vorbereitungen treffen. Schwieriger war der Umgang mit Schwester Felicitas, mit der ich in der zweiten Woche zusammenarbeitete. Sie war eine dünne, pingelige Frau. Aber im Großen und Ganzen kam ich mit ihr zurecht. Ich passte mich ihrem Rhythmus an und lernte von ihr wieder andere Handgriffe, um bei der Geburt den Frauen besser helfen zu können.

Meist wurde ein Arzt hinzugezogen, der eine kleine Naht machte oder das Neugeborene untersuchte. Die Ärzte waren oft noch jung – und erschöpft vom Tagesdienst. Doktor Pfisterer war auch so ein junger Arzt. Er schaute abends kurz vorbei, um zu nachzusehen, was im Kreißsaal auf ihn zukommen konnte. Dann kam er zu uns Schwestern und sagte treuherzig: »Wenn ihr mich nicht unbedingt braucht, dann lasst mich schlafen …«. Schwester Else hatte jahrzehntelange Erfahrung und konnte viele Dinge selbst entscheiden. Sie wusste genau, wann ein Doktor zu rufen war.

Bedrückend waren für mich Missgeburten. Besonders schlimm anzusehen waren Kinder mit Hasenscharten oder Wolfsrachen. Auch Feuermale konnten sehr entstellend sein. Da erschraken oft auch alte und erfahrene Schwestern. Für mich waren es schreckliche Erlebnisse, wenn die Mütter zum ersten Mal das behinderte Kind im Arm hielten und bitter weinten. Dann mussten wir Schwestern und die Ärzte oft unendlich viel Aufklärungsarbeit leisten, um den Müttern zu zeigen, wie sie mit den Kindern den Alltag meistern konnten. Denn viele der Kleinen waren unter normalen Umständen zu Hause kaum zu ernähren, sie sollten baldmöglichst operiert werden.

Wenn eine Zangengeburt oder ein Kaiserschnitt bevorstand, herrschte Hektik. Dazu brauchten wir Verstärkung durch eine zweite Hebamme, die aber im Kreißsaal weiterhin die normalen Geburten betreuen musste. Einmal hatten wir eine schwere Zwillingsgeburt. Die Frau traf zu spät in der Klinik ein, ein Kaiserschnitt war nicht möglich und so kam es zu einer komplizierten Zangengeburt, bei der Chefarzt und Oberarzt fast verzweifelten. Nach dem ersten Kind folgte eine Pause, weil das zweite gedreht werden musste und dieses Kind wesentlich größer und schwerer war als das Erstgeborene. Zum Schluss waren Mutter, Ärzte und Schwestern geschafft.

Sechs Wochen war ich im Kreißsaal tätig. Gleich am Anfang erhielt ich einen Rüffel. Ich hatte die auf links gedrehten, bereits gebrauchten, danach gewaschenen und getrockneten Handschuhe nicht wieder richtig herumgedreht, damit sie für die Sterilisation vorbereitet waren. Da wurde ich so hart angefahren, dass ich erst nicht recht wusste, worum es ging. Erst dann wies mich die Schwester darauf hin, dass es »hinten« – im Seitenflügel beim Chefarzt – die Aufgabe der Schülerin war, die Handschuhe umzudrehen, damit sie am Morgen eingepudert und sterilisiert werden konnten. Nun gut, das hatte mir vorher niemand gesagt, aber so war es oft: Als Lernschwester musste man für manches geradestehen, obwohl man es doch noch gar nicht gelernt hatte. So wurden wir schnell zum Sündenbock gemacht.

Die nächste Ausbildungsstation führte mich ins Kinderzimmer. Dort mussten wir noch früher anfangen. Das Geschrei von 25 bis 30 Neugeborenen war ohrenbetäubend. Alle wollten regelmäßig frisch gewickelt sein und gewogen, sowohl vor als auch nach dem Anlegen an die Brust. Dann wurden diejenigen Säuglinge nachgefüttert, bei denen die Milch der Mutter nicht reichte. Dazwischen waren viele Windeln zu legen und unzählige kleine Hemdchen und Kittelchen zu falten und zusammenzulegen. Die Wäsche musste im Bügelraum abgeholt werden. Das war oft eine Hetzjagd: Wer zu spät kam, hatte das Nachsehen und die Belegschaft viel zu wenig Windeln und Wäsche.

Auf der Station gab es vier Kinderzimmer. Zum Glück waren die Kinderschwestern alle jünger, sodass sie von Anfang an mehr Verständnis für uns Anfängerinnen zeigten. Denn die Aufgabe im Kinderzimmer war nicht leicht – manchmal wussten wir nicht, wo wir diese zerbrechlichen Wesen anfassen sollten. Und die zarten Geschöpfe waren tagein, tagaus zu betreuen.

Der Krieg machte sich jetzt im Alltag immer stärker bemerkbar. Nachts mussten wir die Fenster wegen der feindlichen Bombenangriffe verdunkeln. Die Klinik verfügte glücklicherweise über Rollläden. Bis diese alle am Morgen hochgezogen waren, hatten wir – bei den riesigen Fenstern – schon eine sportliche Leistung vollbracht. Schlimm wurde es für uns bei Fliegeralarm. Dann mussten wir die Kinder so schnell wie möglich in den Schutzraum bringen. Die Wege über die hinteren Treppenhäuser waren weit, die Aufzüge nur für Bettentransporte erlaubt. Jeden Abend gegen 19 Uhr ging das Rennen um die großen Wäschekörbe los, die wir für den Transport der Säuglinge benutzten. Meist passten vier Babys nebeneinander hinein, eines wurde noch quer obendrauf gelegt, dann ging es ab in den Keller. Nach der Entwarnung mussten wir natürlich alle Säuglinge wieder über den gleichen langen Weg zurückbringen.

Drei Wochen hatte ich Nachtdienst im Kinderzimmer. Die Verantwortung für so viele Neugeborene lastete schwer auf mir, und ständig kamen neue Kinder aus dem Kreißsaal hinzu. Eines Abends merkte ich, dass ein Kind sehr unregelmäßig atmete. Ich bat einen Arzt im Kreißsaal um Hilfe. Er kam und untersuchte das Kind, es sollte am nächsten Morgen zusammen mit seiner Mutter entlassen werden. Danach fütterte ich die restlichen Kleinen der Reihe nach und bald schliefen alle ruhig oder lutschten an den Fingern. Auch mein Sorgenkind lag wieder friedlich da.

Doch beim zweiten Durchgang erschrak ich entsetzlich. Der gefürchtete plötzliche Säuglingstod war eingetreten. Das war ein schwerer Schock für mich. Sofort rief ich den Arzt, aber er konnte nicht mehr helfen. Er und eine weitere Schwester auf dem Flur mussten mich erst einmal beruhigen. Geduldig erklärten sie mir immer und immer wieder, dass ich mir nichts vorzuwerfen hätte und dass ich die Schuld nicht bei mir zu suchen brauchte. Als ich am nächsten Morgen meinen Nachtwachenbericht abgab, wusste die Oberschwester schon Bescheid. Sie führte ein langes Gespräch mit mir über diese Fälle, die im Kinderzimmer bei Neugeborenen immer wieder vorkamen.

Ich erlebte aber auch fröhlichere Tage und Stunden, zum Beispiel bei den Taufen im Haus. Weil viele Väter im Krieg waren, ließen manche Mütter die Kinder gleich in der Klinik taufen. Dann war ich als stellvertretende Patin dabei. Trotzdem: Der Anlass für die Taufen war negativ, viele Kinder sollten ihren Vater niemals sehen. Er blieb im Krieg – tot, vermisst. Oder dies: Unsere Schwester Thea war verlobt und der Hochzeitstermin stand schon fest, als sie erfuhr, dass ihr Verlobter gefallen war. Das war auch für uns, die wir mit ihr zusammenarbeiteten, eine Schreckensnachricht. Sie war eine sehr tüchtige Kinderkrankenschwester und der Schicksalsschlag machte sie fast stumm.

Städtische Augenklinik

Unsere Unterrichtsstunden liefen recht und schlecht nebenher. Im März legten wir eine Prüfung ab und konnten uns nun Wochenbett- und Säuglingspflegerin nennen. Das erste Halbjahr war bald um. Ich wurde in die Städtische Augenklinik am Hegelplatz versetzt – ein kleines, überschaubares Haus mit nur drei Stationen. Professor Doktor Scheerer war der Chefarzt, der Oberarzt hieß Doktor Elvers, darüber hinaus gab es noch eine Assistenzärztin, die Oberschwester Elsbeth Orth und Schwester Anna Notdurft.

Bei Letzterer war ich im ersten Stock eingesetzt, auf einer gemischten Station, belegt mit Männern, Frauen und Kindern. Hier hatte ich mit so genannten »Blinden« zu tun, denn die meisten trugen die Augen nach der Operation verbunden. Wir beiden Schwestern mussten dann für unsere Patienten »mitsehen«. Das war eine schöne Zeit. Zweimal in der Woche wurde operiert. Dabei durfte ich meine Patienten begleiten, damit sie vertraute Stimmen hörten. Nach der Operation waren sie mehrere Tage vollkommen auf unsere Hilfe angewiesen; die »Staren« wurden gefüttert, sie durften sich auch nicht bücken. Dann folgte der erste Verbandswechsel, bei dem der erste Lichtstrahl das Auge wieder traf. Wenn die Patienten die neue Brille erhielten, die ersten Leseversuche unternahmen und diese gelangen, war die Freude bei ihnen und auch bei uns groß.

Schwester Anna war eine strenge, aber gerechte Frau. Wenn einmal etwas bei der Visite schief lief, konnte sie auch mit dem Chef einen Zwist austragen. Oder aber, und das war ihre andere Art, einen Konflikt zu »verarbeiten«, sie ging in die Teeküche, suchte einen angeschlagenen Becher oder einen Teller und zerschmetterte diesen auf dem Küchenboden. Dann las sie in aller Ruhe die Scherben auf, fegte zusammen und bis dahin war ihr Zorn meist verraucht. Einen Stock tiefer hörte man natürlich das Splittern und Poltern – da wussten auch Chef und Oberschwester, was es geschlagen hatte.

Die Augenklinik hatte einen großen Vorteil: Für mich war der Weg zum Unterricht ins Katharinenhospital nun kürzer. Ich konnte hinten durch eine Gartentür über die Straße huschen und auf der anderen Seite in das benachbarte Krankenhaus gelangen. Einen Nachteil hatte die Klinik aber auch: Hier war es unangenehm laut, denn die Straßenbahn fuhr in einer Kurve direkt am Haus vorbei. An das Quietschen und Rattern musste ich mich erst gewöhnen. Aber das mussten schließlich auch die Patienten.

Während dieser Zeit litt ich an einer Entzündung der Nasennebenhöhlen und musste zur Behandlung immer wieder in die HNO-Klinik. Trotzdem arbeitete ich voll weiter und ging nur zwischendurch in die Klinik – Krankenschwestern durften ja nicht selbst krank werden. Eines Tages ging es mir so elend, dass ich bis heute nicht weiß, wie ich von der HNO-Klinik zurückkam. Bis zur Straßenbahnhaltestelle am Hegelplatz war ich noch gelangt. Von dort brachte mich jemand in die Augenklinik, wo ich an der Pforte umfiel. Da überkamen mich doch Zweifel, ob der Beruf der richtige für mich war. Aber ich habe das Tief überstanden.

Das kleine, feine Krankenhaus wurde im Krieg ausgebombt und nicht wieder aufgebaut. Während der Bombennacht wurden eine Ärztin und Schwester Anna verschüttet. Beide konnten aber geborgen werden und lebten dann am Bodensee. Schwester Anna betreute fortan die Ärztin, die seit der Bombennacht und der Verschüttung gelähmt war.

Während der Schwesternausbildung erhielten wir auch eine kleine finanzielle Anerkennung: In den ersten drei Monaten gab es 5 Reichsmark Taschengeld, dann sechs weitere Monate jeweils 10 Reichsmark, nach etwa zwei Jahren 15 und nach dem Examen schließlich 25 bis 30 Reichsmark. Damit konnten wir keine großen Sprünge machen. Selbst eine Heimfahrt nach Künzelsau kostete zu viel.

Kein Wunder, dass es früher im Volksmund hieß: »Die armen Schwestern«. Das konnte ich nur zu gut verstehen. Zum Glück besaß ich schon damals ein Sparbuch, auf welchem ich bereits einige hundert Mark angespart hatte. Damit konnte ich manche Lücke ausgleichen.

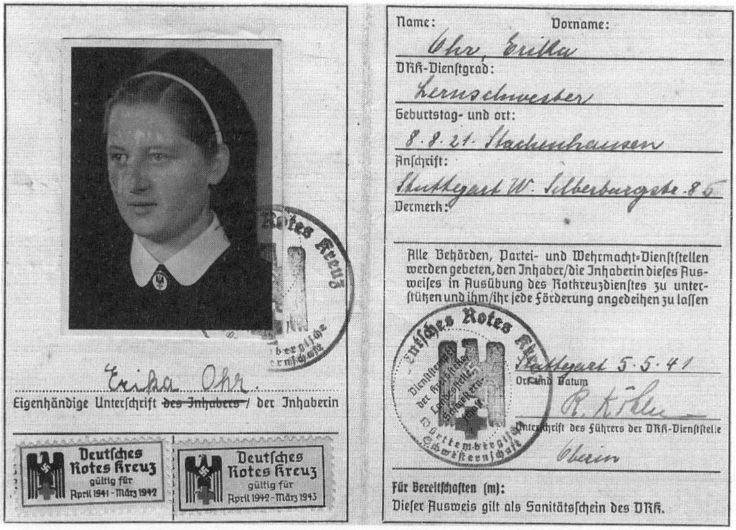
Erika Ohr.
Eigenhändige Unterschrift ~~des Inhabers~~ / der Inhaberin

Deutsches Rotes Kreuz gültig für April 1941 - März 1942

Deutsches Rotes Kreuz gültig für April 1942 - März 1943

Name: Ohr, Vorname: Erika

DRK-Dienstgrad: Lernschwester

Geburtstag- und ort: 8.8.21. Stachenhausen

Anschrift: Stuttgart W. Silberburgstr. 85

Vermerk:

Alle Behörden, Partei- und Wehrmacht-Dienststellen werden gebeten, den Inhaber/die Inhaberin dieses Ausweises in Ausübung des Rotkreuzdienstes zu unterstützen und ihm/ihr jede Förderung angedeihen zu lassen

Stuttgart 5.5.41
Ort und Datum

Unterschrift des Führers der DRK-Dienststelle

Für Bereitschaften (m):
Dieser Ausweis gilt als Sanitätsschein des DRK.

Deutsches Rotes Kreuz – Personalausweis der DRK-Schwesternschaft Württemberg: Das Passbild zeigt die dunkelblaue Ausgehtracht der Schwesternschülerinnen.

Katharinenhospital

Als Lernschwester verbrachten wir nur zwei bis drei Monate auf einer Station, dann wurde gewechselt. Diesmal kam ich ins Katharinenhospital auf die Innere, und zwar auf die Männerstation Bau 4. Dort arbeiteten nur Diakonissen, eine davon war Schwester Emma. Sie war »gutes Mittelalter« und zudem sehr geschätzt von Professor Römer, dem Chefarzt der großen Stationen und der Klinik. Während im Bau 4 ausschließlich Männer untergebracht waren, lagen im Bau 6 nur Frauen. Zur großen Chefvisite mussten alle mit, auch wir Schülerinnen. Dann fragte der Chefarzt an den Betten der Patienten den Wissensstand von uns Schülerinnen ab. Dabei waren wir immer sehr aufgeregt. Oft gab Professor Römer Sprüche zum Besten. Bei einem der Patienten lag eine Duodenalsonde, ein dünner Gummischlauch, der zur Absaugung von Galle dient. Aber bei dem Patienten floss keine Galle. Die Sonde war wohl zu weit gewandert. Bei der Visite sagte der Professor zu mir, ich könne ja warten, bis der Knopf wieder hinten herauskomme, so wie beim Portier am UFA-Palast – damit war die Uniform des Kino-Portiers gemeint, die hinten am Rücken zwei goldene Knöpfe hatte.

Die Urin- und Zuckerwerte mussten wir Schülerinnen täglich im Laborgebäude auswerten, wobei wir für drei Stationen verantwortlich waren. Dabei hatte jede Angst, Fehler zu machen, denn wir waren nicht gut eingewiesen worden, mussten aber die Auswertung selbstständig übernehmen und trugen allein die Verantwortung.

Im Katharinenhospital hatte ich bald Nachtwacheneinsatz – vier Wochen hintereinander. Als Nachtschwester musste man gleichzeitig zwei Stockwerke betreuen, zusätzlich im Parterre noch die Infektionsstation. Da lagen Patienten, die an Scharlach litten, an Diphtherie, Gelbsucht oder anderen infektiösen Krankheiten. Da gab es sehr viel für uns zu tun. Auch das Umkleiden zwischen Normal- und Infektionsstation war umständlich: immer wieder Kittelwechsel, Handschuhwechsel, Desinfizieren. Morgens war die Temperatur der Kranken aller drei Stationen zu messen, alle Werte mussten in die Fie-

Nach bestandenem Examen am 25. März 1942 präsentierten wir uns vor dem Katharinenhospital in Stuttgart. Ich stehe in der zweitletzten Reihe rechts außen – mit Mittelscheitel!

berkurven eingetragen werden. Danach wurden einige Patienten gewaschen und alles wieder ab- und aufgeräumt. Am Ende einer solchen Nacht war ich geschafft. Für die Zeit der Nachtwache mussten wir ins Nachtwachenzimmer umziehen, meist waren hier vier »Nachtwächter« untergebracht.

Zum Glück überraschte uns nur selten der Fliegeralarm. Aber es wurden immer mehr Schwestern an die Front nach Westen abgezogen, später auch an die Ostfront. Als ich meine Ausbildung auf dieser Station beendet hatte, wäre mein nächster Einsatz auf der Frauenstation gewesen, und zwar in der Chirurgie. Aber die große Männerstation hatte nur noch zwei Diakonissen und so musste ich bei regelmäßig wechselnden Tag- und Nachtdiensten auf der Station H bleiben, bis zum Examen. Im Frühjahr 1942 absolvierten wir, kriegsbedingt, vorzeitig unser Examen und wurden gleich danach auf viele andere Krankenhäuser verteilt.

Kreiskrankenhaus Marbach am Neckar

Mein nächstes Ziel hieß Marbach am Neckar, das Kreiskrankenhaus. Auf den Dienst dort freute ich mich sehr, denn in diesem Haus waren endlich alle Abteilungen beisammen: Chirurgie, Innere, Geburtshilfe, Gynäkologie. Mit dieser Vorstellung bestieg ich den Zug. Doch es sollte alles anders kommen.

Das Kreiskrankenhaus lag am Hang. Ich konnte es schon vom Waggonfenster aus sehen, es gefiel mir gut. Doch meine Überraschung war groß, als ich beim Eintreffen erfuhr, dass die letzte Wöchnerin gerade entlassen wurde. Einem Schild entnahm ich, dass das Krankenhaus ab sofort zum Lazarett umfunktioniert worden war. Schon am nächsten Tag traf der erste Transport mit Verwundeten aus dem Osten ein. Die meisten der Soldaten kamen aus Süddeutschland und konnten wenigstens Besuch von ihren Angehörigen empfangen.

Wir Schwestern hatten die Aufgabe, die Verwundeten zu versorgen und mussten hauptsächlich Verbandswechsel vornehmen. Auch bei kleineren Nachoperationen halfen wir. Mein weiterer Einsatz war nun im OP. Schwester Luise brauchte eine Narkoseschwester. Schwester Renate, die auch mit mir in Marbach angekommen war, wurde auf Station eingesetzt.

Die Oberschwester brachte mir rasch die Narkosetechnik bei. Das habe ich schnell verstanden und durfte bald fast alles, unter ihrer Aufsicht, selbst übernehmen. Auch mit Schwester Else, der 1. OP-Schwester, kam ich gut zurecht. Zusätzlich war noch eine Schülerin als Springer eingesetzt.

Im OP hatten wir sehr viel zu tun. Neben den Operationen mussten wir alles selbst sterilisieren, die Trommeln für den Dampfsterilisator packen, das Verbandsmaterial zuschneiden und legen. Außerdem waren die Instrumente regelmäßig auszukochen, Skalpelle zu schleifen, Lösungen für die Lokalanästhesie zu kochen und kolbenweise Rivanol zur Desinfektion herzustellen. Gerade für die eitrigen Wunden brauchte man viel von dieser Lösung. Zusätzlich hatten wir als OP-Schwestern die Apotheke fürs Haus zu führen, die Stationen mussten

Das Krankenhaus in Marbach wurde zum Lazarett an dem Tag, an dem ich – frisch nach dem Examen – meinen Dienst dort antrat, 1942.

täglich mit Medikamenten beliefert werden. Dann waren Berge von Zellstoffbahnen zu zerschneiden und Schienen damit zu umwickeln und zu polstern. Einen großen Raum benötigten wir für die »Gipserei«. Im septischen OP wurde alles vergipst: Arme, Beine und Becken. Auch »Stukas« fertigten wir an – damit wurden beim Militär die Sturzkampfbomber bezeichnet, wir nannten so aber den besonderen Gips für die Oberarmschussbrüche. Das Schlachtfeld danach räumten die OP-Schwestern auf; dazu gehörte auch, den Steinboden zu schrubben. Na, wo blieb da die Hygiene? Doch Infektionen gab es hier nur sehr selten.

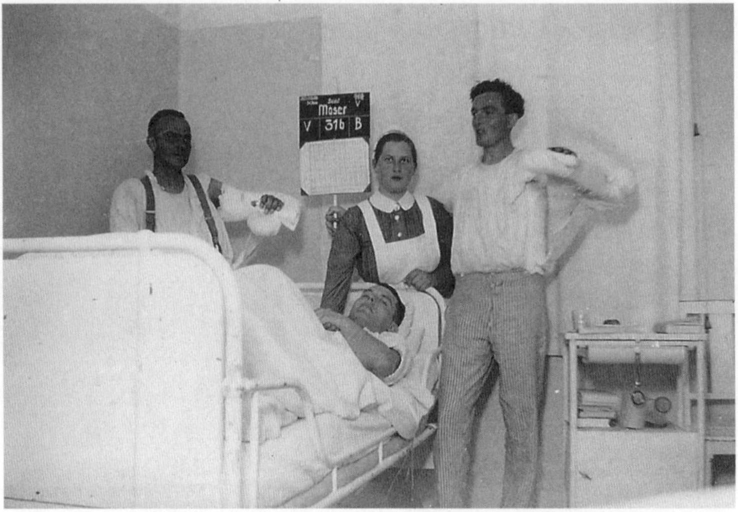

Im Marbacher Krankenhaus hatte ich verletzte Soldaten mit eiternden Wunden und Amputationen zu versorgen. Die eingegipsten Oberarmschussbrüche nannten wir »Stukas«, Sturzkampfbomber.

Die Mullbinden mussten gewaschen und auf den Stationen gewickelt werden. Diese Arbeit verteilten wir, wenn möglich, an die Patienten. So hatten auch sie an den langen Krankenhaustagen eine kleine Abwechslung und wir Schwestern wurden dadurch entlastet. Patienten, die aufstehen durften, gingen nach draußen in den großen Garten mit seinem alten Baumbestand. Der Garten umgab das gesamte Krankenhaus und förderte sehr die Erholung der Verwundeten. Andere, die nicht gehen konnten, lagen in sonnendurchfluteten Zimmern oder auf Liegen auf der Terrasse. Die gesamte Wäsche wurde im Haus gewaschen, zum Trocknen wehten die großen Laken und Kissen im Garten des Hauses im Sommerwind. Dazwischen hingen natürlich auch die vielen, vielen Schwesternschürzen. Leider ging dieser Sommer viel zu rasch dem Ende entgegen.

Wenn es im OP halbwegs ruhig war, half ich auf Station mit. Dort waltete Schwester Aloisia, die neben der Oberschwester über alles Bescheid wusste: im ganzen Haus, von der Küche

Unsere Oberin, Frau von Oertzen, war eine mütterliche Frau. Als ich einmal knapp bei Kasse war, half sie mir aus der Patsche.

über die Heizung bis hin zum Aufzug, wenn dieser wieder einmal stecken geblieben war. Sie war wie ein Hausmeister – und ein Vorbild für mich, denn von ihr konnte ich immer etwas lernen. Nicht vergessen will ich unsere Köchin, das Fräulein Marie. Sie war eine Seele von Mensch und sie konnte hervorragend kochen. Ob nun Vollkost oder Diät, bei ihr schmeckte es einfach immer gut und alle waren des Lobes voll.

An einem freien Wochenende wollte ich nach Hause fahren. Ich saß schon im Zug, als wenige Minuten vor der Abfahrt in Marbach ein Sanitäter vom Krankenhaus neben den Gleisen heransprang und mir durch das Fenster ein Telegramm reichte, das soeben für mich angekommen war. Ich öffnete es. Darin stand, dass ich im Urlaub nach Dresden kommen möge. Unterzeichnet hatte es Bernhard Pröger, mein Cousin, der gerade in Norwegen im Einsatz war. Bernhard und ich waren über den ganzen Krieg hinweg treue Brieffreunde.

Der Zug war inzwischen losgefahren. Nun hatte ich Zeit bis Stuttgart, um meine Gedanken zu ordnen. Es war Freitagnachmittag, die Banken hatten geschlossen, Geld konnte ich nicht mehr abheben. Das Geld, das ich bei mir hatte, reichte für eine weitere Fahrkarte nicht aus. Von wem könnte ich etwas borgen?

Im Mutterhaus in Stuttgart fasste ich Mut. Ich ging zu unserer Oberin, Frau von Oertzen, und zeigte ihr das Telegramm. Sie las es und fragte, was für ein Bernhard mir ein Telegramm aus Norwegen schickte. Ich erzählte ihr, dass er ein Cousin wäre und dass ich ihn gerne einmal wiedersehen wolle, mein Geld aber nicht für die Zugreise ausreiche und ich mir bis zum Montag auch keines mehr besorgen könne. Die Frau Oberin ging, ohne mit der Wimper zu zucken, zusammen mit mir in die Verwaltung und ließ mir 100 Reichsmark auszahlen. So konnte ich noch in der Nacht den Zug nach Dresden besteigen.

Ich verbrachte zwei wunderschöne Tage bei Tante Marie und Onkel Robert Pröger und meinen inzwischen verheirateten Cousinen Thea und Erika. Die Zeit reichte sogar noch für einen Besuch bei der Witwe von Mutters Bruder Johann, Tante Alma Ehrenfried, und ihren Zwillingen; wir klingelten sie einfach aus dem Bett. So hatte ich Gelegenheit, viele meiner Verwandten zu treffen. Bernhard flog wieder nach Norwegen zurück und auch ich trat meine Heimreise an, machte aber noch einen Abstecher nach Augsburg. Die alte Fuggerstadt interessierte mich schon lange. Als der Schaffner zur Fahrkartenkontrolle kam, bemerkte er, dass ich im falschen Zug sei, denn meine Karte wäre nicht auf Augsburg ausgestellt. Ob ich nachzahlen musste oder nicht? In jedem Fall hat sich der Ausflug gelohnt, Augsburg hat mich sehr beeindruckt. Allerdings kam ich erst spät in Stuttgart an.

Der Krieg ging weiter. Nachts wurde das Krankenhaus völlig abgedunkelt, denn die Bombenflugzeuge suchten immer wieder das große Elektrizitätswerk und die Neckarbrücke in der Nähe. Im Haus wechselten die Schwestern und Ärzte stän-

Nach dem Tod meines Vaters 1942 war meine Mutter schwer krank. So zog meine Schwester Frida mit der Herde auf die Weiden von Künzelsau.

dig. Nur der Stabsarzt blieb. Er war ein guter Parteigenosse und konnte auch seine Praxis in der Stadt beibehalten. Bei uns war er nicht sehr beliebt. Zur Visite grüßte er in jedem Zimmer mit »Heil Hitler«. Das war ihm wichtiger, als einmal eine menschliche Geste zu zeigen. Dafür war dann Schwester Aloisia zuständig. Sie hatte bereits viele Jahre unter dem alten Chefarzt gearbeitet. Dieser war nicht in die NSDAP eingetreten und hatte deswegen gehen müssen, denn damit kam man beim Militär nicht durch – auch nicht in einem Lazarett.

Mein Vater war seit Mai 1942 krank. Er litt an einem Magengeschwür, was erst spät herausgefunden wurde. Das bereitete meiner Familie große Sorgen, denn die Schafherde brauchte ja einen Hirten. Schließlich fand sich eine Aushilfe und Vater konnte sich in Ruhe auf die Operation vorbereiten. Die OP im Künzelsauer Krankenhaus kam aber bereits zu spät, die inneren Organe waren schon mit Krebs überzogen. Sein Gesundheitszustand verschlechterte sich sehr schnell. Anfang August nahm ich Urlaub, um Mutter bei der Pflege zu entlasten. Der körperliche Verfall war Vater immer mehr

Onkel Fritz, ein Bruder meines Vaters und ebenfalls Schäfer, suchte nach Vaters Tod einen Käufer für dessen Schafherde.

anzusehen. Am 19. August 1942 schloss Vater für immer die Augen, er starb ohne Kampf. Zwei Tage nach der Beerdigung musste ich bereits wieder zurück nach Marbach. Meine Schwester Frida blieb noch einige Tage bei unserer Mutter in Künzelsau, damit sie sich endlich wieder einmal ausruhen und ausschlafen konnte. War die Aushilfe verhindert, zog Frida unterdessen mit Vaters Schafherde auf die Weiden.

Nun mussten wir versuchen, vor dem Winter, also bis Oktober oder November, die Herde zu verkaufen. Das war nicht einfach. Onkel Karl, Onkel Fritz und Onkel Christian übernahmen diese Aufgabe gemeinsam. Ein Schäfer meldete sich, der auch noch einen Hund dazukaufen wollte. Aber der Hund ging nicht mit ihm. Erst als Frida den Schäfer überzeugen konnte, dass die beiden Hunde nicht zu trennen waren und er den zweiten auch kaufen müsse, konnte der Handel abgeschlossen werden. So gingen auch beide Hunde fort.

Danach lag Mutter krank daheim mit einer schweren Gelbsucht. Frida blieb nun ganz bei ihr in Künzelsau.

Fronteinsatz

Ende Oktober 1942 – damals war ich 21 Jahre alt – erreichte mich der Befehl zum Fronteinsatz. Zwar wussten alle beim Notexamen, dass es in den Lazaretten an Schwestern mangelte – hauptsächlich Spezialisten waren dort gefragt, OP-Schwestern. Aber den Marschbefehl in den Krieg jetzt in den eigenen Händen zu halten, das war bedrückend, beängstigend.

Der Aufbruch in Marbach erfolgte sehr rasch. Alles Überflüssige brachte ich nach Hause, dann hieß es Abschied nehmen von Mutter und Schwester. Das war nicht leicht beim Anblick meiner schwer kranken Mutter. Ihr Arzt wagte jedoch keine Operation der Galle, meine Mutter sei zu schwach, sie habe zu wenig Kraft.

Ich wusste nicht, wohin mich die Reise führen würde, über meinen Einsatzort war noch nichts bekannt. Einmal hieß es, ich müsse nach Afrika, doch das wurde schnell widerrufen, da ich dafür mit meinen 21 Jahren noch zu jung war; das Mindestalter dafür betrug 25. Als ich die Papiere beim Wehrmachtsbereich Stuttgart abholte, erfuhr ich mehr: Ostfront!

Nun war alles klar. Nur wenige Tage blieben mir noch bis zur Abreise. Schnell musste ich meine Frontausrüstung zusammenstellen. Dazu gehörten Mantel, Kostüm, Stiefel, Rucksack, grauer Koffer, graue Hauben, Brotbeutel, Feldflasche, Gasmaske, Wäsche, Kleider, Schürzen, Schuhe und ein Kochgeschirr mit Esbit-Tabletten als Brennstoff. In Kleidung und Gepäckstücke hatte ich meinen Namen einzunähen.

Das Wichtigste aber waren die Papiere und die Erkennungsmarke um den Hals, meine hatte die Nummer V/8580. Dazu kamen noch ein evangelisches Feldgesangbuch und das Verwendungsbuch – darin wurde unter anderem der Sold eingetragen, damals 85 Reichsmark im Monat – mit Passbild, ausgestellt in Stuttgart, am 3. November 1942. Dieses Datum trug der Marschbefehl.

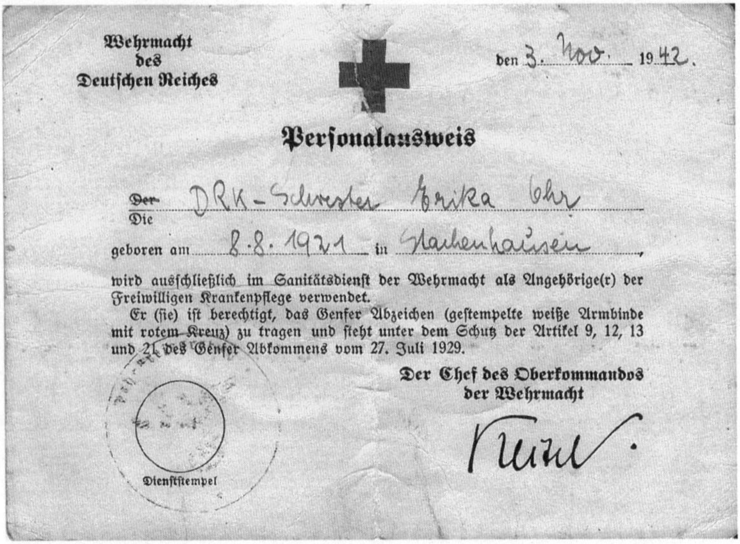

Wehrmacht
des
Deutschen Reiches

den 3. Nov. 1942.

Personalausweis

~~Der~~ / Die DRK-Schwester Erika Ohr

geboren am 8.8.1921 in [illegible],

wird ausschließlich im Sanitätsdienst der Wehrmacht als Angehörige(r) der Freiwilligen Krankenpflege verwendet.

Er (sie) ist berechtigt, das Genfer Abzeichen (gestempelte weiße Armbinde mit rotem Kreuz) zu tragen und steht unter dem Schutz der Artikel 9, 12, 13 und 21 des Genfer Abkommens vom 27. Juli 1929.

Der Chef des Oberkommandos
der Wehrmacht

Dienststempel

Zum Marschbefehl gehörte ein Rotkreuz-Personalausweis der Wehrmacht. Auf der Rückseite waren die wichtigsten Artikel des Genfer Abkommens abgedruckt, Artikel 9, 12, 13 und 21.

Reise nach Shitomir

Am 3. November 1942 stieg ich auf dem Stuttgarter Hauptbahnhof in den Zug nach Berlin. Ich fuhr als einzige Schwester mit, alle anderen waren Soldaten, die ebenfalls zur Front mussten. Die zurückbleibenden Frauen und Kinder vergossen viele Tränen. Mir winkte keiner. Die Soldaten waren erstaunt, dass ich allein reiste. Das war nicht üblich. In der Regel fuhr eine ganze Lazarettmannschaft gemeinsam zum Einsatz. Aber ich musste eine schwer erkrankte Schwester ersetzen, die bereits ausgeflogen worden war.

Die Fahrt durch Deutschland verlief noch ruhig. An den Bahnhöfen konnten wir Tee nachfüllen, Schwesternhelferinnen waren dort im Einsatz. In Berlin musste ich am Schlesischen Bahnhof umsteigen in den Zug nach Warschau über Frankfurt/Oder. Hier verteilten sich auch die Soldaten auf weitere Züge, die gen Osten an die unterschiedlichen Frontabschnitte fuhren. Auf den Bahnsteigen herrschte viel Tumult, Unruhe und Hektik – da war es nicht leicht, sich zurechtzufinden und ich trug ja noch mein Gepäck bei mir. Auf so einem großen Bahnhof mit so vielen Menschen war ich bisher noch nicht. Zwei Soldaten nahmen mich schließlich mit zum richtigen Zug und halfen mir beim Schleppen.

Nachdem wir Frankfurt/Oder hinter uns gelassen hatten, sah plötzlich alles anders aus – das Land, die Häuser, die Bahnhöfe, die Aufschriften auf den Tafeln. Zum ersten Mal sah ich zerschossene Dörfer. Hier waren wir schon im Kriegsgebiet. Die Soldaten unterhielten sich nun in einem anderen Tonfall als bisher. Mir wurde langsam bang ums Herz. Ich war unterwegs in den Krieg, unterwegs in ein Land, das ich nicht kannte. In diesem Land verstand ich die Sprache nicht und niemand konnte meine Sprache verstehen.

Auf den Bahnhöfen konnten wir unterwegs Verpflegung fassen, die Soldaten im Zug sorgten gut für mich. Nachts um 2 Uhr erreichten wir Warschau – und landeten in einem riesigen, aber ziemlich finsteren Bahnhof. Alle mussten die Waggons verlassen und erneut umsteigen. Die Feldpolizei sorgte dafür, dass jeder den richtigen Zug fand und in diesen auch einstieg.

Ich sollte mich zu einem Bahngleis im Südabschnitt begeben. Also marschierte ich mit meinen sieben Sachen dorthin und stieg zusammen mit vielen Soldaten in eine endlos lange Wagenreihe. »Wir müssen bis zur Mitte durchgehen, da ist es am besten«, meinte einer der Soldaten und nahm mich mit.

In diesem Zug verbrachte ich mehrere Tage und gefahrvolle Nächte. Wir fuhren durch ein Gebiet mit Partisanen, die bei Dunkelheit die Bahngleise sprengten. Da es im November schon sehr früh dunkel wurde, hatten wir lange Angst, denn wir konnten nicht verfolgen, was draußen geschah.

Schon auf der Strecke nach Brest (heute Weißrussland, an der Grenze zu Polen gelegen) erlebten wir einen Anschlag. Plötzlich ging ein Ruck durch den Zug, dann stand er. Wir befanden uns auf freier Strecke, mitten in der Nacht, man konnte nichts sehen; keine noch so kleine Einzelheit war in der Dunkelheit auszumachen. Kurz darauf kam der Befehl: Zug sichern. Die Soldaten stiegen aus. Mich packten sie zwischen die zahlreichen Gepäckstücke und die Toilettenwand und redeten auf mich ein, dass ich um alles in der Welt nicht den Wagen verlassen dürfte, selbst wenn ich hörte, dass draußen geschossen würde. So verhielt ich mich ganz ruhig, rührte mich nicht und hatte fürchterliche Angst. Ich hörte noch viele hastige Schritte rechts und links des Zuges, dann herrschte Stille. Viele Stunden vergingen, nichts passierte.

Auf einmal rollte der Zug wieder an, ganz langsam. Dann kamen auch die Soldaten zurück in die Waggons und befreiten mich aus meinem Versteck. Später erfuhr ich, dass die Schienen gesprengt worden waren und wir deshalb nur so langsam über die notdürftig reparierten Gleise rollen konnten. Bei dem Anschlag war außerdem ein Rad beschädigt worden. Zum Glück konnte die Lokomotive sich wenigstens aus eigener Kraft vorwärts bewegen, besser gesagt: kriechen und holpern. Die Stunden tropften langsam, langsam, langsam. Zum Glück kamen wir ohne weitere Zwischenfälle aus der Gefahrenzone heraus. Als es wieder hell wurde, atmeten wir auf, denn bei Tageslicht zeigten sich die Partisanen kaum. Alle waren froh, dass es bis hierhin noch einmal gut gegangen war.

Die nächste Station war Brest. Dort sollte die angeschlagene Lokomotive ausgewechselt werden. Aber das war nicht einfach, denn erst musste eine andere Lok herbei. So hieß es warten, warten, warten. Wir konnten ja nicht weggehen. Und so eine zweite Lok war nicht ohne Weiteres zu beschaffen.

Irgendwann gingen wir in Brest auch zum Essenfassen. Mit Erbsen und Speck weihte ich mein Kochgeschirr ein. Dazu gab es noch ein Stück Kommissbrot und Tee. Immerhin hatten wir nun etwas Warmes im Magen.

Am 6. November sollte ich laut Plan in Shitomir sein. Die Stadt liegt heute in der Ukrainischen Republik. Ich war dort angemeldet, damit man mich vom Bahnhof abholen konnte. Aber bis ich am Ziel war, dauerte es viel länger. Endlich hatten wir eine Lokomotive bekommen, doch sie war zu klein und viel zu schwach für den langen Zug. So ging es zwar weiter, aber wieder nur sehr, sehr langsam. Das nächste Etappenziel hieß Kowel.

Die Reise zog sich hin, wir waren müde, erschöpft. Die Landschaft vor den Waggonfenstern sah eintönig aus: Birkenwälder in endloser Weite. Das ganze Land schneebedeckt. Kein Dorf weit und breit, kein Gehöft, kaum ein Vogel oder ein anderes Tier. Nur das unentwegte Rollen der Räder, das immer gleiche, eintönige Geräusch.

Die meisten schliefen, manche lasen eine Zeitung, die längst nicht mehr aktuell war. So verging Stunde um Stunde. Wenn es dunkel wurde, kam wieder die Angst, mischte sich mit dem unaufhörlichen Rollen der Räder. Dunkelheit bedeutete, dass man ausgeliefert war – den Partisanen, die uns überall und jederzeit verfolgen konnten. Im Zug wurde es still, wenn die Angst umging. Und so rollten wir weiter durch das nächtliche Niemandsland, in dem die Gefahr lauerte. Immer weiter ging es nach Russland hinein. Um uns öde, verschneite Landschaft, sonst keine Abwechslung, die sich dem Auge bot. Und immer das Rollen der Räder. Stundenlang ging es so durch Steppenlandschaften.

Plötzlich ein lautes metallisches Kreischen, Gepolter, Stillstand. Diesmal hatte es uns am Tag erwischt. Vorsichtig zog ein Spähtrupp los, angeführt von einem Offizier, und durchsuchte das Buschwerk neben den Schienen. Am ganzen Zug entlang wurden Wachen aufgestellt. Ein Stück Schiene fehlte. Wir konnten nicht weiterfahren, die Lok saß fest. Die Soldaten vermuteten, dass es einen längeren Aufenthalt geben könnte – und das auf offener Strecke. Damit konnten wir von feindlichen Flugzeugen gesichtet werden. Die Partisanen hatten ja überall ihre Verbindungen. Jeder hoffte, dass man uns nicht entdecken würde. Diesmal waren wir dankbar, dass es bald Nacht wurde. Der Zug stand nun völlig abgedunkelt auf den Schienen.

Unsere Schadensmeldung war in der Zwischenzeit am nächsten Bahnhof eingegangen und die beschädigte Lok wurde nach Kowel, einem Bahnknotenpunkt in der heutigen Ukraine, abgezogen. Von Brest kam ein Bautrupp, der das fehlende Stück Schiene wieder einsetzte. Die Lok, mit der dieser Bautrupp gekommen war, schob uns schließlich von hinten ganz langsam über das geflickte Stück Gleis, danach standen wir wieder. Erst gegen 3 Uhr in der Nacht kam aus Richtung Kowel weitere Hilfe. Nun ließ die Spannung langsam nach, Müdigkeit übermannte uns, mancher fiel in einen unruhigen Schlaf. Das leichte Schnarchen, das aus dieser und jener Ecke kam, hörte sich fast wohltuend an. Auch ich hing meinen Gedanken nach. Ich war 21 Jahre alt und steckte mitten in Russland in einem Zug, konnte nicht vorwärts, aber auch nicht mehr zurück. Ich musste mit all den Soldaten zusammen ausharren, nicht wissend, was mich erwartete.

Irgendwann ging es weiter, der Zug rollte, das vertraute Geräusch der Räder klang wieder unaufhörlich in unseren Ohren. Aber sehr weit kamen wir nicht. Zwischen Luzk und Rowno erwischte uns die dritte Sprengung. Es war wieder mitten am Tag, aber die Zerstörung war nicht so stark, sodass die Teile schnell repariert werden konnten.

Ein Transportoffizier, den ich vorher noch nicht wahrgenommen hatte, lief währenddessen am Zug entlang und entdeckte mich. Er war mehr als erstaunt und überrascht, mich hier zu sehen: »Ja Schwester, wo wollen Sie denn hin?«, rief er. »Das hier ist doch kein Transport für ein Lazarett, sondern ein Truppentransport zur Front! Sie sind ja völlig falsch hier, das kann doch nicht sein!« Ich zeigte ihm meine Papiere und den Marschbefehl. Er schüttelte verwundert den Kopf.

Ich solle dann wenigstens umsteigen und in das Offiziersabteil kommen, da hätte ich es ein wenig bequemer. Außerdem stünde mir das als Vollschwester zu; sie waren hier den Offizieren gleichgestellt. Aber ich lehnte dankend ab. Ich wollte nicht umsteigen. Die Soldaten, mit denen ich bisher im Abteil gereist war, hatten sich so sehr um mich gesorgt und mich bisher bestens beschützt – ich wollte mit ihnen bis Shitomir zusammenbleiben. Er konnte mich nicht umstimmen. Als ich ihn fragte, warum es die vielen Verzögerungen gab und wir immer wieder stillstanden, bestätigte er mir, dass Partisanengruppen Anschläge auf den Zug verübten und die Schienen sprengten, um ihn entgleisen zu lassen.

Ab Rowno sah ich in den Städten immer mehr zerschossene Häuser. Auch die Bahnhöfe, durch die wir fuhren, waren zum Teil vollkommen zerstört. Irgendwo musste ich den Zug verlassen, weil die Verbindung nach Shitomir unterbrochen war. Meine Weiterfahrt verlief abenteuerlich. Ich fuhr mit einem russischen Güterzug ein paar Stationen weit in einem angekoppelten Waggon, in dem ein paar alte Ukrainer und alte Frauen saßen; mit uns reisten auch noch Hühner und Gänse. Bald schon wurde der Wagen wieder abgekoppelt. Nun stand ich auf einer Bahnstation in der Ukraine und musste irgendwie nach Shitomir gelangen. Zum Glück fand ich auf fast allen Bahnhöfen deutsche Soldaten, sodass ich mich durchfragen konnte. Immer wieder gab es eine Fahrtmöglichkeit in Richtung Shitomir und unendlich langsam näherte ich mich meinem Ziel. Doch ich war eben noch nicht dort.

Aber dann: Eine große Lokomotive füllte gegen Abend Wasser nach. Der Lokführer nahm mich bis Shitomir auf der Lok mit. Ich saß vorn, auf meinem Rucksack, und konnte zuschauen, wie der Heizer die Kohlen in den Kessel schaufelte. Wenigstens war es dort, wo ich jetzt saß und weiter in Richtung Shitomir fuhr, warm.

Endlich, endlich, nach so vielen Tagen und Nächten: Shitomir. Zum großen Erstaunen aller Bediensteten dort hielt die Lok im Bahnhof an. Das war nicht vorgesehen, sie hätte durchfahren sollen. Ich stieg aus und erläuterte den verblüfften Soldaten den Zweck meiner Reise und mein Ziel. Das Bahngelände lag im Norden der Stadt, unser Lazarett dagegen im

Süden, etwa fünf Kilometer entfernt. Eine telefonische Verbindung kam leider nicht zustande und so sollte ich wieder einmal bis zum Morgen warten, da ich abends um halb zehn nicht mehr weiterkam. Dabei war ich vollkommen übernächtigt und fühlte mich wie zerschlagen.

Die ganze Nacht fuhren immer wieder Züge durch, manchmal auch einzelne Loks. Plötzlich quietschten Bremsen, ein Zug fuhr nicht durch, sondern hielt an. Leute stiegen aus, man hörte Männerstimmen, dann auch zwei Frauenstimmen. Es waren zwei Stabshelferinnen vom Wehrbereichskommando 5. Noch in der Nacht, gegen 11 Uhr, holte sie ein Fahrer mit einem großen Kübelwagen ab. Freundlicherweise nahmen sie mich mit in die Stadt und setzten mich bei meinem Lazarett ab.

Das Lazarett

Nach langem, hartnäckigem Klopfen öffnete ein verschlafener Sanitäter die Tür. Er war zunächst sehr misstrauisch und wollte nicht glauben, dass mitten in der Nacht eine Schwester vor ihm stand und behauptete, sie sei hier am Ziel und man solle sie hereinlassen. Nachdem ich schließlich mein Verwendungsbuch hervorgekramt hatte, ließ er sich überzeugen und gewährte mir Eintritt. Erst dann fuhren die anderen, die mich vorbeigebracht hatten, weiter. Überall herrschte Misstrauen und Angst, Partisanen lauerten, und man musste immer mit allem rechnen. Todmüde legte ich mich auf eine Trage, die ich hinter einer Zeltplane entdeckt und die mir der Sanitäter aufgebaut hatte. Er wollte mir noch einen heißen Tee bringen, aber ich war bereits nach wenigen Sekunden eingeschlafen.

Am nächsten Morgen berichtete er in seinem Rapport, dass über Nacht ein Neuzugang eingetroffen sei. Er habe eine Schwester aufgenommen, die noch hinter der Zeltplane schlafe. Keiner wusste Bescheid über mich. Erst als der Chefarzt und die Oberschwester verständigt wurden, konnte das Rätsel gelöst werden. Ja, eine Schwester Erika sei angemeldet, sie sei schon seit einigen Tagen überfällig. Alle waren nun froh, dass ich angekommen war. Allerdings war ich immer noch nicht im richtigen Haus. Die Innere Abteilung, bei der ich zunächst gelandet war, wusste von nichts, denn ich sollte zur Chirurgie und diese befand sich in einem anderen Gebäude. Dieses lag noch weiter weg. Das machte mir zu diesem Zeitpunkt jedoch nichts aus: Ich war in Shitomir; ich schlief. Der Rest würde sich auch noch klären.

Mein Schlaf war sehr unruhig, das monotone Rollen der Räder fehlte mir. In der Nacht wurde ich wach und wusste zunächst nicht, wo ich mich befand – ich hatte Schwierigkeiten, mich zu orientieren. Alles war ruhig, Licht konnte ich nicht entdecken. Später bemerkte ich ein kleines Fenster, durch das fahles Morgenlicht fiel. Danach gingen Menschen durch den Raum, eine Tür fiel laut ins Schloss. Dann war wieder Stille. Langsam kam ich zu mir, ich erhob mich und streckte meinen Kopf hinter der Zeltplane hervor. Ich kannte mich nicht aus, alles war fremd. So legte ich mich wieder hin und wartete, ob mich jemand holen würde. Und wieder eine ganze Weile später hörte ich eine Stimme, die ich kannte. Es war die Stimme des Sanitäters, der mich hereingelassen hatte. Schritte kamen auf mich zu, ich richtete mich auf. Der Sanitäter hatte eine Schwester bei sich. Es war die Oberschwester, sie hieß Margarete Lapp. Nun wurde ich in ihre Obhut übergeben. Kurz berichtete ich ihr meine Geschichte. Sie war ganz außer sich, aber froh, dass mir nichts passiert und dass ich heil angekommen war, wenn auch verspätet.

Nun brachten Soldaten heißes Wasser in großen roten Kannen und bereiteten mir ein Bad, denn in dem Raum standen an der Stirnseite zwei große Badewannen. Was für eine Wohltat, nach dieser langen und entbehrungsreichen Reise! Da störte es mich auch nicht, dass ich im so genannten Entlausungsraum badete. Das erfuhr ich allerdings auch erst später beim Frühstück mit den vielen fremden Schwestern, die mich neugierig betrachteten.

Später am Vormittag brachte mich ein Panjewagen mit meinem Gepäck in die Chirurgie ins weiter entfernt liegende B-Lazarett. Auf dieser Fahrt sah ich unzählige zerschossene Häuser und Ruinen. Die Straße war breit, aber sehr holperig. Dann tauchte ein großes, noch weitgehend erhaltenes Gebäude hinter einer hohen und langen Mauer auf, vor einem Tor standen zwei Wachposten. Hier bog unser Pferd rechts hinein. Bei einem kleinen Haus hielt der Kutscher an und sagte, dass sich dort der Oberstabsarzt und der Chefarzt Doktor Döring befänden. Dann empfing mich Oberschwester Margarete, die ich ja bereits kennen gelernt hatte, und stellte mich den beiden vor. Nach einem kurzen Gespräch mit dem Chefarzt ging es in einen großen Bau, es war eine ehemalige Schule. Ich wurde einer Schwester Lotte und einer Schwester Liselotte zugeteilt. Sie waren für Operationen und für den großen Verbandsraum zuständig.

Im Lazarett arbeiteten noch viele weitere Schwestern, die ich erst nach und nach kennen lernte. Im Haus selbst schliefen aber nur wir drei OP-Schwestern. Die anderen waren außerhalb untergebracht. Das Esszimmer befand sich über

Das Lazarett in Shitomir, 1943. Bei der ersten Gartenarbeit im Frühjahr halfen Schwestern, Verwundete und selbst unser Chef Doktor Welkers mit.

der Hauptküche. Doch nicht immer konnten alle gemeinsam essen, das hing vom Arbeitsanfall auf den Stationen ab. Hier gab es große Krankensäle mit 30 bis 40 Betten, in einem Saal lagen sogar 98 Patienten. Die beiden Schwestern, die für diesen Saal verantwortlich waren, kamen den ganzen Tag kaum mehr heraus – gerade einmal zu den Mahlzeiten, aber auch nur, wenn eine andere für sie einsprang. Das war eine harte Wechselschicht.

Jeweils zwischen zwei Sälen standen große Öfen, die vom Flur aus geheizt wurden. Das besorgten Hilfskräfte oder auch Gefangene, die dafür täglich aus einem Lager gebracht wurden. Die Versuchung war für sie groß, Lebensmittel oder Brennstoff mitzunehmen, obwohl schwerste Strafen darauf standen. Abends wurden alle genau überprüft, ehe sie ins Lager zurückgingen. Die Luft in den Sälen war zum Schneiden, eigentlich war es nicht zum Aushalten. Es roch nach Blut und Eiter. Alles mischte sich mit dem lauten Wehklagen der Verletzten und Verwundeten; sie hatten Schmerzen, die oft nicht gelindert werden konnten. Dieses Klagen, Schreien, Rufen und Jammern überlagerte alles.

Damit musste jede Schwester allein fertig werden. Die Belastung ging manchmal bis an die Grenzen dessen, was man ertragen konnte, und doch blieb kaum Zeit, darüber nachzudenken. Dort lagen so viele blutjunge Menschen, manche waren noch jünger als wir jüngsten Schwestern, sie waren verletzt, verstümmelt, zerschunden. Auch viele Familienväter lagen da, die uns ihre Sorgen und Ängste erzählten, die nicht aufhörten zu fragen, wann sie denn weiter zurückverlegt würden, wann es in Richtung Heimat ging. Täglich kamen Fragen, auf die wir oft keine oder nur ungenügende Antworten wussten. Dennoch konnte ich mir mein fröhliches Wesen durch den Krieg hindurch retten, so manchem Verwundeten Mut machen und vielleicht auch ein Lächeln abringen, trotz großer Schmerzen und großem Leid.

Einige Verwundete schrieben auch Gedichte oder Gedanken auf, die sie uns vorlasen oder schenkten. Zwei Gedichte aus dieser Zeit habe ich bis heute aufbewahrt:

Sonnastrahla

Wenn a paar warme Sonnastrahla
en onsern graua Alltag falla
tuat vieles bloß no halb so weh
ond alles isch no emol so schee.

Am besta sieht man des em Lazarett
en jedem Zemmer, jedem Bett,
em ganza Haus bis na zom Keller
wird durch die Strahla alles heller.

Zwar gehet's Jahr so langsam weiter
ond d'Sonna scheint net meh so heiter,
doch außere liabe Strahla-Kender
dia ganget net mit'm Kalender.

Denn dia hend Schürzla a ond Röckla,
hend Häuble über kecke Löckla,
hent frische Gsichtla, liab ond nett,
dia Sonnaschei vom Lazarett.

Des send dia guate Pflegerinna,
dia d'Sonna hend em Herza drenna,
dia Tag für Tag mit bestem Willa
treulich ond brav Pflicht erfülla.

Des send dia Mädle vom Schwobaland,
vom Nagold-, Rems- ond Neckarstrand,
des send dia Mädla, wo d'r Herrgott hot glacht,
wia 'ner se ema Sonndich hot gmacht.

Der Landser denkt

Elf Landser hier auf dieser Stub,
Herr Gott, es geht uns ja so gut.
Die Betten stehn in Reih und Glied,
Worin sich jeder Landser tief verkriecht.
Und an dem obern Bettenrande,
da hängt ein Schild mit seinem Stande.
Nur eines fehlt auf dem Plakat,
ob er ist verheierat.
Und hinterm Ständer hängt die Rüstung,
Doch in der Feldblus fehlt die Brüstung.
Mit dem Morgengruß, da geht's schon an,
Grüß Gott Leut', heut ist alles dran.
Und schmeckt die Arbeit auch schon sauer,
Rektal, meine Herren, das ist genauer.
Das stört uns nicht in unsrer Ruh,
der Landser denkt, machs Aug halt zu.
Nachdem nun auch der Puls gemessen,
sind wir für den ganzen Tag vergessen.
Doch vielen Dank für Lieb' und Wacht,
Dem Heideröschen zugedacht.
Sie ist so lieb, so nett, so wahr,
die kleine Schwester Erika!

Im Lazarett herrschte ein ständiger Wechsel, ein Kommen, Versorgen, Verabschieden, Verladen und Gehen. Kaum hatten wir einen ganzen Lazarettzug entladen und alle entlaust, mit neuen Verbänden versorgt oder frisch eingegipst, suchten wir schon wieder transportfähige Patienten aus, damit sie weiter zurückverlegt werden konnten. Nur wenige kamen von Shitomir aus wieder direkt zum Fronteinsatz.

Viele Soldaten waren so entkräftet, dass wir sie füttern mussten. Oder sie hatten so schwere Panzerverbrennungen an Händen und Gesicht erlitten, dass wir sie nur mit flüssiger Kost ernähren konnten.

Im B-Lazarett befanden sich auch die Röntgen-Abteilung und das Labor. Viele Geschosse und Splitter wurden erst bei uns erkannt und entfernt. Unsere Verwundeten kamen aus verschiedenen Kampfgebieten: Gomel, Dnjeprpetrowsk, Charkow, großer Dnjeprbogen, Krim – aus dem gesamten Südabschnitt. Viele Erfrierungen mussten wir behandeln, der Winter 1942/1943 war eiskalt und schneereich.

Viele kleine und große Ereignisse sind mir in Erinnerung geblieben. So lief eines Tages eine Kuh in unseren Hof und fraß unser saftiges Gras, das ihr sichtlich schmeckte. Da kam uns eine Idee. Wir hatten nichts dagegen, dass sie das Gras fraß, aber sie sollte es nicht umsonst haben. Die Kuh sollte uns etwas dafür geben – Milch! Nun stellte sich die Frage, wer das Tier melken könnte. Erst schauten alle etwas betreten drein, dann meldete ich mich – als Einzige. Schwester Erika trat also vor und hatte die Aufgabe, die Kuh zu melken, während alle anderen schon an die gute nahrhafte Milch dachten. Das Ganze war ein großer Spaß, Zuschauer waren jedenfalls genug da. Ich kam mit der Kuh gut zurecht und konnte ihr die Milch zur Freude und Anerkennung aller abnehmen. Diese Milch war etwas Besonderes bei der sonst eher spärlichen Verpflegung. Deshalb gaben wir sie unseren Schwerverletzten mit ihren schlimmen Panzerverbrennungen. Sie waren sehr dankbar, schmeckte doch diese richtige Kuhmilch viel besser als die übliche Trockenmilch, die sie sonst von uns erhielten.

Über Nacht stellten wir die Kuh in den Stall zu unseren Pferden. Adam, unser Pferdepfleger, fütterte sie mit. Gegen Morgen klopfte ein alter Mann an unserer Pforte, er suchte eine Kuh, die ihm entlaufen war. Das sei schlimm für ihn und seine Familie, sie hätten noch kleine Kinder und wüssten nun

Unser Pferdepfleger Adam, ein Zivilist (links), beim Transport von Verwundeten. Adam trug viel zur Auflockerung des oft bedrückenden Lazarettalltags bei, Sommer 1943.

nicht, wie sie diese ernähren sollten. Natürlich gaben wir ihm seine Kuh zurück – er war so glücklich darüber. Das war ein nettes Erlebnis in dieser sonst schrecklichen Zeit.

Nach einigen Wochen Einarbeitung im B-Lazarett wurde ich zusammen mit Schwester Liselotte in ein anderes Lazarett verlegt, das C-Lazarett. Es war in einem ehemaligen Entbindungsheim untergebracht und hatte etwa 90 Betten. Dort konnte man aseptisch operieren. Unser Chef hieß Doktor Welkers, der Unterarzt Doktor Thomas war ein kleiner blonder »Lausbub«.

Für den Verbandswechsel stand uns ein separater Raum zur Verfügung. Der war allerdings auch mein Stationszimmer, denn nun hatte ich eine kleine Station mit etwa 30 Betten selbst zu betreuen. Mir zugeteilt war eine Hilfsschwester, Margarete Schaaf. Sie musste auf Station nach dem Rechten sehen, während ich als Zweitschwester regelmäßig im OP arbeitete, um dort zu helfen oder um Narkosen durchzuführen. Das waren turbulente Tage. Manchmal wusste ich vor lauter

Arbeit nicht, wo ich anfangen sollte. Unzählige Verbände waren zu machen, Medikamente zu richten und zu verteilen, Spritzen zu geben. Zum Glück hatten wir noch einen Sanitäter, der aber für beide Stationen zuständig war. Er musste überall dort einspringen, wo wir ihn brauchten. Darüber hinaus übernahm er auch alle Botengänge ins B-Lazarett.

Während meiner Zeit im C-Lazarett betätigte ich mich auch zweimal als Geburtshelferin. Einmal bei einer Stabshelferin und einmal bei einer »Goldammer«. Stabshelferinnen gehörten zur Wehrmacht und trugen meist eine graue oder grüne Uniform. »Goldammern« nannte man die jungen Frauen, die als Schreibkräfte bei der Zivilverwaltung des Reichskommissariats Ukraine beschäftigt waren. Sie trugen keine Uniform. Diese jungen Frauen wurden häufig Opfer ihrer Vorgesetzten, die die Abhängigkeit ihrer Untergebenen ausnutzten. Wenn sie schwanger wurden, war das Unglück groß. Oft trugen sie die Kinder nicht aus, meistens fanden sich Mittel und Wege, den so genannten Abgang einzuleiten.

Weil ich ein kleines Zimmer auf Station hatte, brachte man die Schwangeren zu uns ins C-Lazarett. Dort blieben sie in dem Zimmer, bis sie den Fötus ausgestoßen hatten. Für mich als junge Schwester war diese Situation schwierig; es war nicht einfach, damit fertig zu werden. Zum Glück konnte ich von der Ausbildung in der Frauenklinik profitieren und wenigstens dafür sorgen, dass fachlich alles ordentlich ablief. Nach zwei bis drei Tagen gingen die Frauen wieder fort. Sie verließen unser Lazarett oft unter Angst und Tränen. Sie hatten keinen Schutz wie wir Schwestern, die wir im Dienstrang den Offizieren gleichgestellt waren. Das war sehr traurig und belastend für uns.

Im oberen Stockwerk des Hauses befand sich die zweite Station. Für die waren Schwester Anni und Schwester Gerda zuständig, sie arbeiteten auch gut zusammen. So waren wir, trotz der schweren Zeit, in unserem kleinen Haus sehr zufrieden.

In einem kleinen Seitenflügel des Gebäudes, am Ende meiner Station, lag die Küche. Dort arbeitete eine hervorragende Köchin, Schwester Emma. Wie auch immer sie es schaffte – sie zauberte aus dem Wenigen, was wir hatten, für unsere

Schwerkranken erfrischende und stärkende Gerichte. So bereitete sie aus den Marketenderwaren einen köstlichen Eierwein oder aus Wodka einen hervorragenden Eierlikör.

Die Eier brachten uns ukrainische Frauen und Mädchen, die bei uns als Küchen- und Putzhilfen beschäftigt waren. Dafür erhielten sie auch Brotreste aus den Zimmern oder Salz. Das war ein richtiger Tauschhandel, aber damals musste man erfinderisch sein, um durchzukommen. Das Salz ließen wir uns von zu Hause schicken, denn damit konnten wir tauschen. Die Bevölkerung vor Ort erhielt kein Salz, der Handel damit war verboten. Was wir taten, war illegal, aber so halfen wir uns gegenseitig. Die Ukrainerinnen hatten es nicht leicht. Die meisten hatten keine Männer mehr, sie waren bei Nacht und Nebel von den Bolschewiken aus den Häusern geholt worden. Nie wieder erhielten die Familien eine Nachricht von ihren Vätern oder Söhnen. Das war schon lange, bevor der Krieg begann.

Die Frauen, die ins Lazarett kamen, waren meist gut und tüchtig, aber darunter waren auch einige, die stahlen. Da schauten wir genau hin. Besonders wachsam waren wir, wenn eine »Neue« eintraf. Dann galt es mit aller Vorsicht herauszufinden, ob sie nicht eine Partisanin war und eingeschleust wurde, um auszuspionieren, von welchem Frontabschnitt unsere Verwundeten stammten. Solche Informationen waren immens wichtig im Kampfgeschehen. Lange Zeit kam auch ein Friseur ins Haus, der den Verwundeten die Haare schnitt – ein junger Mann. Wir hatten uns alle etwas gewundert, warum er nicht bei der Armee war. So entstand allmählich der Verdacht, dass er vielleicht ein Spitzel sei. Wenige Tage später fuhren plötzlich die Feldjäger vor und verhafteten ihn, ehe er flüchten konnte. Immer wieder kam es zu solchen Vorfällen und wir wurden dadurch aufmerksamer. Auch an eine Frau kann ich mich erinnern, die ganz rasch abgeführt wurde – sie soll ebenso eine Partisanin gewesen sein.

Unter unseren Hilfskräften befand sich auch eine Gruppe Medizinstudenten. Sie arbeiteten sehr ordentlich. Einer von ihnen, ein großer Weißrusse, konnte etwas Deutsch. Einmal kam er ans Küchenfenster und bat um Tee und Kohletabletten, weil alle Durchfall hätten. Was sollten wir jetzt tun? Wir berieten uns kurz mit Schwester Emma. Sie kochte Tee und röstete altes Brot. Wir von der Station gaben Kohletabletten dazu. Was wir zusammengepackt hatten, holte Stanislaus, der Weißrusse, heimlich an der Ecke ab. Wir mussten ihnen einfach beistehen – sie waren doch unsere Helfer, darunter auch die »Heizer«, die die großen Kachelöfen zwischen den Zimmern versorgten. Dass wir eine Straftat begingen, wussten wir, aber wir Schwestern hielten zusammen, das blieb unter uns. Nach einigen Tagen meldete Stanislaus, dass es allen besser gehe und sie wieder arbeiten könnten.

Einige Tage lag ein Russe auf meiner Station, er hatte sich ein Bein gebrochen. Aber er war zu lang für unsere Betten. Nachdem der Bruch gut geschient war, konnte er ins Lager zurück auf die Krankenrevierstube. Auch so etwas gab es bei uns.

Zum Mittagessen mussten wir durch die Stadt ins B-Lazarett gehen. Dort konnten wir die Oberschwester auch immer informieren, wie es um die Stationen stand und wo wir Hilfe benötigten. Wenn wir durch Shitomir liefen, sahen wir oft Entsetzliches. An vielen Häusern befanden sich Balkone, aber die meisten waren zerschossen oder abgebrochen, einige hingen an den Hauswänden herab. An einem dieser zerstörten Balkone hing tagelang ein toter Mann und ich musste immer daran vorbei; ich konnte keinen anderen Weg einschlagen, lediglich die Straßenseite wechseln. Das war grauenhaft. Seit dieser Zeit hege ich eine Abneigung gegen »frei« vorgebaute Balkone. Auch heute bin ich sehr vorsichtig beim Betreten solcher Balkone und überzeuge mich erst davon, ob sie richtig eingebaut sind – zwischen zwei Stützwänden. Ich habe Angst abzustürzen. Meist bleibe ich dicht an der Wand oder an der Tür, dort fühle ich mich etwas sicherer.

Nach dem Mittagessen und dem Bericht an die Oberschwester hatten wir noch etwas zu erledigen. Ins B-Lazarett wurde nämlich die Post geschickt und dort verteilt. Heimatpost – die war überaus wichtig für uns alle. So konnten wir Kontakt mit den Lieben zu Hause aufnehmen. Wir erfuhren, ob die Familie gesund war und was sich daheim ereignet hatte. Ich bekam einen Brief, in dem stand, dass es mit Mutters Gesundheit wieder bergauf ging. Aber auch traurige Sendungen waren dabei: Todesnachrichten, Meldungen über Gefallene in den Familien, bei Schulkameraden, Freunden, Brüdern. Manche Schwester, die Post erhielt, stand schnell auf, ging still hinaus.

Ich erhielt regelmäßig Post von meinem Cousin Bernhard Pröger aus Kirkenes in Norwegen, dort war sein Stützpunkt. Im Übrigen war ich froh, dass ich noch frei und ledig war, so quälte mich nicht auch noch der Liebeskummer. Unsere Oberschwester Margarete hatte es nicht leicht mit so vielen jungen hübschen Schwestern. Wir waren ein bunt zusammengewürfelter Haufen, da entwickelte sich auch die eine oder andere Liebschaft mit den Patienten. Manche lernten in dieser Zeit in Shitomir ihren Ehemann kennen. Das erfuhren wir zum Teil erst viel später, nach rund 30 Jahren, bei unserem ersten Schwesterntreffen in Überlingen am Bodensee.

Regelmäßig wurden wir Schwestern vom Truppenarzt geimpft, zum Beispiel gegen Ruhr, Cholera, Typhus, Paratyphus und Fleckfieber. Die Oberschwester trug alle Impfungen fein säuberlich in unsere Verwendungsbücher ein. Bei einigen Impfungen wurde mir richtig übel, so schmerzhaft waren diese. Eine Zeitlang hatten wir auch Tabletten gegen Malaria zu schlucken. Diese teilte unsere Oberschwester beim Essen persönlich aus, damit sich niemand davor drücken konnte. Sie wachte streng und sorgfältig darüber.

Mittlerweile stand die erste Kriegsweihnacht bevor. Einen ganzen Nachmittag verbrachte ich in einer ukrainischen Bäckerei und buk Ausstecherle, also Plätzchen – ein Blech nach dem anderen. Dabei hätte Schwester Liselotte mir helfen sollen, aber etwas hatte sie aufgehalten und so blieb ich allein. Plötzlich bekam ich Angst vor den Leuten in der Bäckerei. Sie äußerten immer wieder anzügliche Bemerkungen, denn ich war als junge Frau allein unter lauter Männern. Mir wurde unheimlich; ich wurde so unsicher, dass ich auf einmal schnell weglief. Den restlichen Teig ließ ich zurück, ebenso das Gebäck, das ich bis dahin für das Lazarett schon gebacken hatte.

Das Lazarett lag nur zwei Straßen weiter, dorthin rettete ich mich. Ich wusste ja, dass wir bei Aufenthalten außerhalb des Lazaretts mindestens zu zweit sein sollten. Alleingänge in die Stadt über die ausgestorbenen Straßen waren nicht ratsam. Wo die Leute in der zerschossenen Stadt noch wohnten, erfuhren wir kaum. Auch kann ich mich nicht an ein einziges Kind erinnern, das ich in Shitomir gesehen hätte.

Zu Weihnachten war es sehr kalt, es lag Schnee. Das Lazarett war voller Verwundeter. Wir waren fern der Heimat. Uns allen fiel es schwer, unter diesen Umständen Weihnachten zu feiern. Dennoch versuchten wir, die Tage ein wenig festlich zu gestalten. Oben bei Schwester Anni befand sich ein größerer Raum, den wir mit einem großen Tannenbaum schmückten, sogar richtige Kerzen hatten wir aufgetrieben. Die Tische wurden in langen Reihen aufgestellt und mit Tannengrün verziert. Jeder Patient erhielt einen Gebäckteller, dazu etwas Rotwein. Gemeinsam sangen wir Weihnachtslieder. So fühlten wir uns ein bisschen wie in einer großen Familie. Dennoch schweiften unsere Gedanken immer wieder weit weg, nach Hause.

Gleich nach Weihnachten folgten neue Transporte und Verlegungen. Die Verwundeten kamen und gingen, es war ein ständiger Wechsel, je nach Frontverlauf. Arbeit hatten wir Schwestern unentwegt, das Lazarett war immer voll belegt. In Stalingrad tobten die Kesselschlacht und die Panzerschlachten. Zu uns kamen Verwundete mit schwersten Verbrennungen an Kopf und Händen. Sie hatten am meisten zu leiden. Diese furchtbaren Schmerzen, diese Entstellungen – das empfanden wir jungen Schwestern zwischen 21 und 28 Jahren als sehr belastend. Am 30. Januar 1943 fiel Stalingrad, von dort kamen seitdem keine Verwundeten mehr.

Eines Tages kamen Säcke mit Päckchen für Soldaten an, die im Kessel um Stalingrad gekämpft hatten. Diese Sendungen hatten nicht mehr abgeworfen werden können, deshalb sollten wir sie an unsere Verwundeten verteilen. Das war eine sehr schwierige Aufgabe für uns, denn die Päckchen enthielten Briefe und Bilder von Angehörigen, mit persönlichen Wünschen und Ausdrücken der Sehnsucht nach einem baldigen Wiedersehen. Wir diskutierten, ob wir damit nicht Kameradendiebstahl begingen. Von Freude konnte keine Rede sein, auch wenn wir warme Socken oder einen Schal mit Handschuhen auspackten. Oder die Gemälde von Kinderhand für den Vater an der Front! Päckchen, mit Hingabe gepackt – Päckchen, die denjenigen, für den sie bestimmt waren, nicht mehr erreichen konnten. Wir waren oft erschüttert, wenn wir sahen, mit welcher Liebe sie zurechtgemacht waren. Uns allen, sowohl Verwundeten als auch Schwestern, fiel es schwer, diese Gaben anzunehmen, ohne Dank sagen zu können. Still flossen Tränen. Da half oft nur eine Umarmung oder ein Streicheln, um den Schmerz zu lindern. Auch das war Krieg.

Im neuen Jahr musste ich selbst unters Messer. Am 6. Januar 1943 hatten wir noch ausgelassen eine Schneeballschlacht im Hof veranstaltet: Schwestern gegen Ärzte und einige Patienten. Der Schnee lag prächtig und einladend. Alle, die konnten, lehnten sich aus den Fenstern heraus und schauten zu, feuerten uns an und klatschten Beifall bei Volltreffern. Leider währte unser Treiben nur kurz, dann mussten wir wieder zurück an die Arbeit.

Doch mir war dieser Frühsport nicht bekommen. Schnell stellten sich rechts unten typische Bauchschmerzen ein. Ich hätte sie gerne abgestellt, aber das Bohren nahm immer mehr zu. Liselotte bemerkte als Erste meine Schmerzen. Ich hatte eine akute Blinddarmentzündung, aber: Unser Chefarzt Doktor Welkers war im Urlaub. Wer sollte mich nun operieren? Der Truppenarzt war Internist und kam für eine Operation nicht in Frage, die anderen waren praktische Ärzte oder noch junge Akademiker ohne Erfahrung. Denen wollte ich mich auch nicht anvertrauen. So verständigte man den Operateur des Luftwaffen-Lazaretts, der in Notfällen unseren Chef vertreten sollte. Er kam und Schwester Liselotte übernahm die Narkose. Im Lazarett operiert werden zu müssen, fiel mir schwer, aber ich hatte keine andere Wahl.

Am 7. Januar wurde der »kleine Wurmfortsatz« von Doktor Müller entfernt. Der Bauchschnitt geriet etwas länger, weil der Blinddarm verwachsen war. Die nächsten Tage und Nächte in den schlechten Betten waren fürchterlich. Ich lag in unserem kleinen Schwesternzimmer, abseits der Station. Klingeln konnte ich nicht. Also musste ich warten, bis eine Schwester Zeit für mich hatte und vorbeischaute. Auch die Oberschwester war weit weg, sie wohnte ja im A-Lazarett. Und Liselotte hatte natürlich auch kaum Zeit, denn sie musste nun den OP allein versorgen und gleichzeitig noch auf Station mithelfen. Der Weg zu den Toiletten war weit und eiskalt.

Weil es so viel Arbeit gab, wurde ich sehr schnell wieder eingesetzt und fing ohne Schonung im OP an. Ich übernahm die Narkose, denn dort konnte ich sitzen – mit einem Sandsack auf der Schenkelbeuge, um die Narbe zu stützen. Trotzdem kam es zu einer Entzündung, die Naht platzte auf – und ich musste nochmals für einige Tage ins Bett. Bis zum 18. Februar 1943 war ich krank geschrieben. Ich sollte mich schonen, heben und tragen durfte ich nichts.

Da ich auch nicht in den Urlaub geschickt werden konnte, beschäftigte ich mich vor Ort, so gut es ging. Ich legte Verbandsstoff oder polsterte Schienen. Das war eine langweilige Zeit. Draußen herrschte tiefer Winter, ich stopfte Strümpfe oder nähte Knöpfe an. Doch das alles war kein Ersatz für die Arbeit auf Station oder im OP. War ich froh, als ich endlich wieder normal arbeiten durfte!

Vom 2. bis 25. Mai 1943 bekam ich schließlich Erholungsurlaub. Ich erhielt ein Fronturlauberpaket mit Reiseproviant. Mindestens zwei Tage musste ich einkalkulieren, bis ich mit den Urlauberzügen nach Hause kam. Ich fuhr nach Künzelsau, unterwegs betreute ich eine kranke Schwester, die nach Ulm wollte.

Wie erwartet, verlief die Reise nicht ohne Komplikationen: Unser Zug wurde in Polen außerhalb eines Bahnhofs einfach abgestellt und wir mussten lange neben den Gleisen hergehen, bis wir schließlich zum Bahnhof kamen. Dort erfuhren wir, dass die Lok nicht mehr zur Verfügung stand. Wir hätten hier zu warten, bis ein anderer Zug eingesetzt würde. Der stand auch bald bereit. Doch der Begleitoffizier verbot uns, in den Offizierswagen einzusteigen, wie es für Schwestern üblich war. Er meinte, Schwester Hilde sei keine Vollschwester. Das konnte er an der Form der Rotkreuzbrosche erkennen. Ich trug eine runde Brosche, das war das Zeichen einer Vollschwester mit Staatsexamen – Schwester Hilde hatte eine ovale Brosche, die trugen »Hilfsschwestern« oder Schwesternhelferinnen.

Ich war sauer und stieg zusammen mit der kranken Schwester in den Mannschaftswagen. Der Begleitoffizier schaute verdutzt, denn ich hätte ja im Offizierswagen mitfahren dürfen. Dass ich dies ausschlug und in den Mannschaftswagen einstieg, sorgte für Unruhe. Überall an den Fenstern der Abteile standen Soldaten, die die Situation mitbekommen hatten. Aber mir war das egal, ich wollte nur Schwester Hilde nicht allein lassen. Das war schließlich meine Aufgabe und da kümmerte mich ein Dienstrang wenig. In Crailsheim trennten sich unsere Wege, jede fuhr in eine andere Richtung der Heimat entgegen.

In Künzelsau war die Freude auf beiden Seiten groß. Aber Mutter war schmal geworden. Meine Schwester Frida half bei Fischers in Niedersteinach aus und bei unseren Verwandten auf dem Eschenhof, denn deren Söhne Ernst und Richard Jakob waren an der Front. Die Familien hatten schon lange keine Nachricht mehr von ihnen erhalten, deshalb wusste man nicht, wie es um sie stand. Dass Ernst gefallen war und Richard in Kriegsgefangenschaft in den USA, erfuhr ich erst nach dem Krieg.

Zu Hause konnte ich endlich einmal richtig ausschlafen. Doch bald musste ich einen Abstecher zum Mutterhaus in Stuttgart machen, um mir neue Kleidung und Schuhe abzuholen. Außerdem besuchte ich das Pfarrhaus in Ruppertshofen und viele Verwandte. Wo ich auch hinkam, überall erzählten die Leute von gefallenen Vätern und Söhnen oder aber von als vermisst gemeldeten Angehörigen. Auch in der Heimat gab es viel Leid durch diesen unseligen Krieg, es begegnete mir bei Freund und »Feind«. Viel zu schnell war der Urlaub vorbei. Die Abreise war traurig, denn wir wussten nicht, wann es ein Wiedersehen, ob es überhaupt ein Wiedersehen geben würde.

Während eines anderen Heimaturlaubs unterbrach ich einmal meine Fahrt in Berlin und besuchte meinen Cousin Bernhard im »Alten Lager«, einem Truppenübungsplatz mitten in der Heide. Er bekam frei und wir hatten einige Stunden Zeit füreinander, bis mein Zug weiterfuhr. Bernhard nahm damals gerade an einem Lehrgang teil und musste anschließend nach Narvik zurück, ich dagegen fuhr wieder nach Shitomir.

Der Winter schwand, das Tauwetter setzte ein. An der Front wurden nun wahre Schlammschlachten geführt. Die deutschen Soldaten und Panzer versanken im Morast. Während wir kurz zuvor noch durch hohen Schnee zum B-Lazarett stapften, lief uns nun das Schmelzwasser bald oben zu den Stiefeln hinein. Es war fast eine Kunst, über die löchrigen Straßen zu gelangen.

Doch dann begannen die Obstbäume zu blühen, der Frühling kam – wir glaubten es kaum angesichts des Kriegs. Die übrig gebliebenen Sträucher und Bäume wurden grün. Das wirkte so friedlich. Um unser Lazarett legten wir einen Blumen- und Gemüsegarten an. Die Patienten halfen mit, einen hellen Birkenzaun aufzustellen, oft nur mit einer Hand oder behindert von einem Gipsbein. Wir säten Gras, pflanzten Tomaten, Gurken und Bohnen.

Jeder, der konnte, packte mit an: Gärtner, Landwirte, Schwestern und Ärzte – eben alle, die eine Vorstellung davon hatten, was gedeihen könnte und wie. Die Samen ließen wir uns aus der Heimat schicken. Oder unsere ukrainischen Frauen besorgten ihn. Auch unser Chefarzt Doktor Welkers griff immer wieder gern zur Hacke, hackte und jätete im Garten, wenn er Zeit dazu fand und im Hause etwas Ruhe herrschte. Die Verwundeten und wir konnten eine ruhige Zeit in diesem Sommer 1943 genießen. Das C-Lazarett war ein Kleinod in diesem schrecklichen Krieg, fast wie eine Insel.

Da die Sonne oft und warm schien, konnten wir vieles ernten: eigene Tomaten, Bohnen und anderes Gemüse. Damit bereicherten wir unsere Lazarettküche. Der Boden war sehr fruchtbar; die Ukraine galt ja als Kornkammer Russlands, hier gab es große Kolchosen und riesige Felder.

So wurde in der Nähe auch bald das Reichskommissariat Ukraine errichtet, das für die Ernährung der Bevölkerung verantwortlich war. Wir nannten die Männer in ihren braunen Uniformen und Schildmützen nur die »Goldfasanen« und die weiblichen Helferinnen »Goldammern«. In unserer Nähe befand sich das große Verwaltungsgebäude mit Wachposten davor. Die Goldfasanen und Goldammern sah man aber selten im Gebäude des Reichskommissariats, denn ihre Aufgaben erstreckten sich über die gesamte Ukraine. Wenn wir im Dunkeln an dem Gebäude vorbei wollten, mussten wir die

Im Lazarettgarten in Shitomir bauten wir unser Gemüse selbst an. So konnte unsere Küche für die Verwundeten eine bessere Ernährung zusammenstellen, Sommer 1943.

aktuelle Parole kennen. Diese änderte sich täglich, doch bis 10 Uhr sollten wir ohnehin im C-Lazarett sein, sonst kamen wir nicht mehr durch die Pforte.

Wenn es unsere Zeit erlaubte, saßen Lilo – so nannten wir Schwester Liselotte – und ich bei Feldwebel Bracht und spielten mit ihm Rommee oder legten Patiencen. Er war evangelischer Pfarrer und saß in unserer Verwaltung als Schreibkraft, zusammen mit mehreren Sanitätern und den Chefärzten. Sie kümmerten sich darum, dass der große Lazarettbetrieb reibungslos funktionierte. Hier gab es viel zu tun: Während neue Verwundetentransporte von der Front kamen, mussten zeitgleich die wieder transportfähigen Soldaten für die Weiterfahrt zusammengestellt werden.

Mit Feldwebel Bracht verstanden wir uns gut. Er war ein angenehmer Mensch, bei allen beliebt und geachtet. Mit ihm zogen wir von einem Kriegsschauplatz zum anderen. Diese Zeiten schweißten uns zusammen bis zum heutigen Tag. Nach

Kriegsende heirateten Wilhelm Bracht, der inzwischen wieder als Pfarrer arbeitete, und meine Freundin Liselotte. Später sollte ich die beiden noch oft besuchen.

Der Herbst rückte näher, aber damit auch die Front: Rückzug auf der ganzen Linie. Aus Frankreich wurden Truppen zur Verstärkung gebracht. Auch mehr Ärzte und Schwestern sollten uns nun unterstützen. Für sie war es wie ein Sprung ins kalte Wasser: Harte Arbeit war angesagt, dazu der beißende Frost. Viele »Etappenhasen« waren darunter – so nannte man diejenigen, die bisher im Hinterland und von der Front weit entfernt Dienst hatten. Doch schnell mussten auch sie zupacken und Paris, Nancy – oder woher sie auch kamen – vergessen.

Mit dem Näherrücken der Front stieg auch die Zahl der Schwerstverwundeten, die Arbeit wurde härter, belastender. Immer mehr Patienten unseres Lazaretts starben. Wir begruben unsere Toten auf dem Friedhof über dem Fluss Teterew. Dort wurden viele Soldaten bestattet, in langen Reihen waren schon Gräber ausgehoben. In den Gräben stand Sarg an Sarg. Unser Wehrmachtspfarrer sprach einige Worte und ein Gebet, meist waren ein oder zwei Schwestern dabei – das waren diejenigen, die den Verwundeten gepflegt und betreut hatten, die einzigen »Angehörigen«. Die Abteilung unserer Gefallenen auf dem Friedhof wurde immer größer, die Kreuze, aus Holz zusammengezimmert, immer mehr. In der Stadt gab es ja bis zu zehn Lazarette. Auch eine Schwester von uns, Martha Weller, wurde dort begraben, sie starb an Fleckfieber.

Von einem anderen Lazarett hörten wir, dass die Sanitäter zwar mit den Toten zum Friedhof am Wald gefahren, aber dort niemals angekommen waren. Keine Spur fand man von ihnen. Ob sie Opfer eines Partisanenüberfalls geworden waren? Die Partisanen wurden ja jetzt immer dreister.

Zum Advent wollten wir bei einer Gärtnerei am Stadtrand etwas Tannengrün holen – von dort bekamen wir sonst Salate und frisches Gemüse fürs Lazarett. Liselotte und ich marschierten los. Der Weg zog sich hin, kein Mensch war zu sehen. Plötzlich hörten wir Schüsse, ganz in der Nähe. Wir

Im Lazarett Verstorbene und Gefallene von der nahen Front wurden auf dem Soldatenfriedhof in Shitomir beerdigt, 1943.

drückten uns in einen Hauseingang und warteten, verhielten uns ganz ruhig. Mit einem Mal herrschte absolute Stille. Langsam kamen wir aus unserem Versteck hervor und gingen angsterfüllt weiter, die Gärtnerei konnten wir schon sehen. Nur noch der kleine Platz am Ende der Straße war zu überqueren. Dann, großes Entsetzen! Auf dem Platz hatte eine Hinrichtung stattgefunden. Dort standen Galgen, und wir mussten an den gerade erhängten und erschossenen Menschen vorbeigehen. Lastwagen standen schon zum Abtransport der Leichen bereit.

Zitternd kamen wir in der Gärtnerei an. Ob wir noch Tannenzweige mitnahmen, kann ich nicht mehr sagen. Das schreckliche Erlebnis traf uns bis ins Innerste. Wir trauten uns nicht mehr zurück. Zum Glück kamen wenig später Soldaten mit einem Kübelwagen vorbei, die uns ins Lazarett brachten.

Jeden Tag ging es turbulenter zu: Schießereien, Verwundete, Transporte, Tote – wir wussten nicht mehr, wo die Front verlief. Auch auf unser Lazarett fielen einmal Bomben. Im OP zersplitterten Scheiben. Stromausfall. Mit dem Notstromaggregat konnten wir weiteroperieren.

Bereits seit August wurden wir als Kriegslazarett geführt. Dafür gab es eine bestimmte Reihenfolge oder Gewichtung: Direkt an der Front war der so genannte Hauptverbandsplatz, als nächste Station kam das Feldlazarett, wo die Verbände gewechselt wurden. Dahinter lag das Kriegslazarett, hier hielten sich die Verwundeten meist zwei bis drei Tage auf, erst dann ging es weiter zurück. Manche Transporte wurden gleich weitergeleitet, wenn die Lazarette überfüllt waren. Nur einzelne Verwundete nahmen wir heraus – Notfälle, die schnell amputiert oder operiert werden mussten.

Dann hörten wir, dass sich einige Lazarette ebenfalls auf dem Rückzug befanden. Kiew war von den Russen eingenommen worden. Es lag auf der so genannten »Rollbahn« – der Hauptverkehrsstraße zwischen Kiew, Shitomir und Rowno, auf der die Panzer unentwegt rollten und dröhnten, nur einige Stunden entfernt von uns.

Wir waren weit überbelegt, bald stündlich überschlugen sich die Meldungen, keiner wusste etwas Genaues über die aktuelle Lage. Ein Transport Schwerverwundeter nach dem anderen erreichte uns und gleichzeitig mussten wir weiter zurückverlegen. Als der letzte Zug am Bahnhof mit Schwerverletzten beladen wurde, hörten wir schon Kanonendonner, der Zug sollte schnellstens weg. Die Zeit drängte. Unsere Sankas aber reichten zum Transport der vielen, vielen Schwerverletzten nicht aus. Doch sie mussten unbedingt noch mit in diesen Zug. Wie sollten wir das so schnell schaffen? Wir hatten einfach nicht genügend Transportmittel.

So stellte sich Chefarzt Doktor Poth an die Hauptstraße, stoppte alle vorbeifahrenden Lkws und leitete sie ins Lazarett um. Dort wurden die Verwundeten unserer Häuser mit ihren Matratzen auf die Pritschen geladen.

Auch eine Schwester unseres Lazaretts mussten wir auf dem Soldatenfriedhof beerdigen. Martha Weller starb an Fleckfieber.

Rückzug nach Polen

Ob man unser Lazarett wegen der schnell näher rückenden Front vergessen hatte oder ob die Meldung und schließlich die Aufforderung zum Rückzug einfach nicht zu uns durchgedrungen war, konnte keiner sagen. Jedenfalls kam die Front Ende Dezember 1943 immer rascher auf uns zu. Von Berditschew her rückten die deutschen Panzer und Truppen in die Stadt. Auf den Straßen herrschte ein riesiges Chaos. Als unsere restlichen Verletzten endlich verladen waren, rückte bereits ein Feldlazarett bei uns an. Die Soldaten waren entsetzt, dass wir Schwestern nicht schon längst auf dem Rückzug waren. Auf meiner Station lag noch ein Sterbender, der nicht mehr hatte verladen werden können. Ich konnte diesen Mann nur noch dem Feldarzt übergeben, der mir versprechen musste, ihn mitzunehmen oder aber im Garten zu beerdigen.

Plötzlich erreichte uns der Befehl, dass sich alle Schwestern des C-Lazaretts mit Sturmgepäck zur Hauptstraße begeben sollten. Sturmgepäck bedeutete: ein Rucksack mit dem Nötigsten, Papiere, Gasmaske. Die Koffer mussten stehen bleiben. An der Hauptstraße stand wieder Doktor Poth und verteilte uns auf verschiedene Lkws, meist zu zweit oder zu dritt. Als Sammelpunkt wurde der Bahnhof Berditschew genannt.

Auch auf dieser Fahrt kamen uns Kampftruppen entgegen, Panzer, Geschütze – wir gelangten kaum durch. Dass wir aus Shitomir kamen, wollte uns keiner glauben – dort seien doch im Norden bereits die Russen durchgebrochen. Das wussten wir inzwischen ja nun auch. Erst nach der Brücke über den Teterew wurde allmählich eine Gasse geschaffen, damit unsere Lastwagen mit den vielen Verwundeten besser durchkonnten. Die Fahrt war fürchterlich. Links und rechts lagen tote Pferde, zerschossene Fahrzeuge. Über unseren Friedhof, auf dem wir so viele Soldaten begraben hatten, fuhren Panzer kreuz und quer, um ihn unkenntlich zu machen. Der Feind sollte anhand der Toten nicht feststellen können, welche Einheiten dort derzeit kämpften. Das war ein schrecklicher Anblick. Dazu das Dröhnen der Flugzeuge am Himmel.

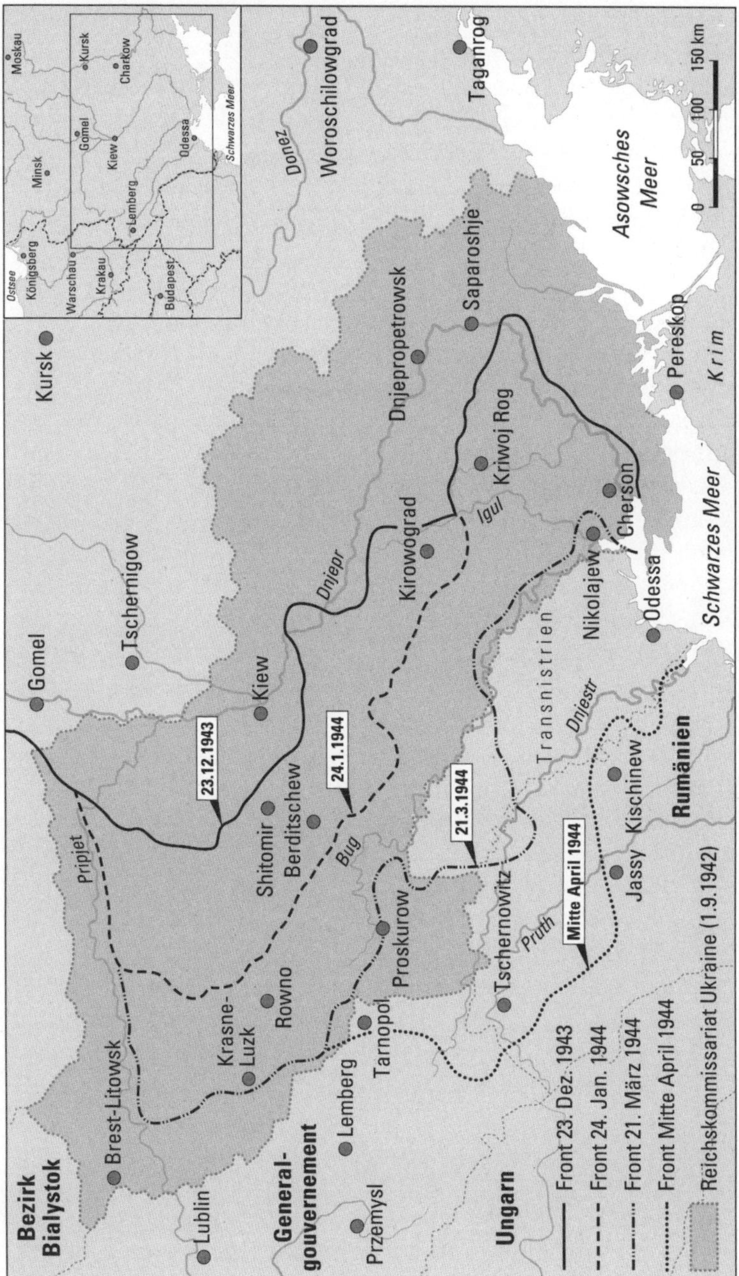
Bezirk Bialystok
Generalgouvernement
Ungarn
Rumänien
Transnistrien
Krim
Asowsches Meer
Schwarzes Meer
Brest-Litowsk
Lublin
Przemysl
Lemberg
Tarnopol
Krasne-Luzk
Rowno
Proskurow
Tschernowitz
Jassy
Kischinew
Shitomir
Berditschew
Kiew
Gomel
Tschernigow
Kursk
Kirowograd
Dnjepropetrowsk
Saparoshje
Kriwoj Rog
Nikolajew
Cherson
Odessa
Pereskop
Taganrog
Woroschilowgrad
Pripjet
Dnjepr
Bug
Dnjestr
Pruth
Igul
Donez
23.12.1943
24.1.1944
21.3.1944
Mitte April 1944
0 50 100 150 km
Ostsee
Königsberg
Warschau
Krakau
Budapest
Minsk
Moskau
Kursk
Charkow
Gomel
Kiew
Lemberg
Odessa
Schwarzes Meer
Front 23. Dez. 1943
Front 24. Jan. 1944
Front 21. März 1944
Front Mitte April 1944
Reichskommissariat Ukraine (1.9.1942)

Immer wieder hörten wir die ungläubige Frage: »Schwestern, wo kommt ihr denn her?« Dass wir direkt aus Shitomir kämen, erntete nur ungläubiges Kopfschütteln. Die Kampfeinheiten fuhren an uns vorbei, in die Richtung, aus der wir soeben gekommen waren. Sie zogen in die Schlacht – und wir? Weg, nichts wie weg, vielleicht konnten wir irgendwie noch herauskommen. An diesem Tag gingen, glaube ich, viele Stoßgebete zum Himmel.

Im Bahnhofsgebäude fand sich unser Lazarettstamm wieder zusammen. Liselotte, die ich unterwegs aus den Augen verloren hatte, war glücklicherweise auch dabei. Wir gelangten in einen völlig überfüllten, ja voll gestopften Wartesaal. Darin stand auch noch ein riesiger Weihnachtsbaum. Mit uns auf dem Bahnhof waren Landser mit Geschützen, sie befanden sich auf dem Weg zur Front in Shitomir. Wieder wollte keiner glauben, dass wir gerade von dort gekommen waren, auch nicht die Offiziere.

Letztlich kamen wir alle heraus, zum Teil sogar mit dem Zug. Wir landeten in Proskurow in Polen (heute Chmelnyzki, Ukraine) und mussten dort ein Lazarett einrichten. Wieder war hierfür ein altes Schulgebäude umfunktioniert worden. Darin befanden sich viele große Säle, in denen diesmal ausschließlich die Chirurgie vertreten war; die Schwestern der Inneren waren nicht mehr bei uns. Wir wohnten etwas abseits des Lazarettgebäudes, die Verhältnisse waren sehr beengt. Wegen der sehr spärlichen sanitären Einrichtungen wurden viele von uns krank.

Auch mich hatte es erwischt, mit einer schwere Grippe, zuletzt mit Fieber von fast 41 Grad. Wie man mir später erzählte, muss ich lange im Delirium gelegen haben. Wenn keiner auf mich Acht gab, verließ ich das Bett und lief draußen umher: Einmal mit zwei verschiedenen Stiefeln und ohne Haube bis hoch ins Lazarett, ohne zu wissen, was ich da eigentlich wollte. Einem Sanitäter war ich aufgefallen, weil ich sehr unsicher ging. Er begleitete mich zurück, denn allein war der Weg zu gefährlich. Das Treppenhaus hatte keine Geländer mehr, ich hätte abstürzen können. Von da an hütete Oberschwester Margarete oft mein Bett, sie saß am Fußende. Immer, wenn sie sich erhob, stellte ich mir im Fieberwahn vor, dass das Bettende hochgefahren würde. Nach einigen Tagen fiel endlich die Temperatur und ich fühlte mich besser. Rasch musste ich wieder auf Station, anfangs noch auf sehr wackeligen Beinen. Der Rückzug der 6. Armee brachte volle Lazarettzüge. Jedes Bett wurde gebraucht und belegt. Wieder dienten wir als Durchgangsstation, die Verwundeten lagen nur kurz bei uns. Oft gab es einen fliegenden Wechsel. Wenn die Situation an der Front einmal stabiler und ruhiger war, spürten auch wir im Lazarett gleich eine Entlastung.

Unerwartet erreichte uns die Nachricht, dass in der Nähe die Russen durchgebrochen seien. Wir erhielten den Befehl, sofort das Lazarett zu verlegen, und zwar nach Krasne-Luzk. Das befand sich weiter nördlich. Die Zurücknahme der Front fand im Süden statt. Diesmal konnte das gesamte Lazarett mit dem Zug verlegt werden, mit Sack und Pack. Das Gebäude, das wir bezogen, lag auf freiem Feld, umgeben von gepflügten Äckern. In der Nähe war ein Ziehbrunnen, sicher für das Vieh einer Kolchose. Deren Wirtschaftsgebäude waren von tiefen Schneewehen fast zugedeckt. Die Stadt lag einige Kilometer weit entfernt. Ob es ein Schulbau war oder ein Krankenhausneubau – ein Betonklotz war es allemal, kalt und wie für Angriffe aus der Luft geschaffen. Ob wir vier, fünf oder sechs Tage in Krasne waren, kann ich heute meinen Papieren nicht mehr entnehmen.

Wir richteten das Haus zum Lazarett her und packten aus. Doktor Poth fuhr mit zur Stadt, um Arzneimittel zu besorgen. Er kam mit schlechter Nachricht zurück – einpacken, wir bekommen keine Transporte hierher und Partisanen rücken auf Krasne vor. Alle Schwestern mussten sofort raus, wir wurden zu einem Feldflugplatz gebracht und von dort mit Verwundeten zusammen in Richtung Lemberg ausgeflogen. Wo die Verwundeten herkamen, wussten wir nicht. Die Maschine war eine Ju 52 – wenn wir über Hügel flogen, sank der Flieger dahinter immer etwas ab, was sehr unangenehm war. Das Flugzeug landete auf einer Wiese und der Pilot ließ uns wissen, dass wir nun außer Gefahr seien. Den Partisanen war es nicht geglückt, uns zu treffen oder gar abzuschießen. Die Maschine kehrte noch einmal zurück, um die letzten Schwestern aus der Gefahrenzone zu holen. Dieser zweite

In diesem riesigen Luxushotel war unser Lazarett im Winter 1944 einquartiert. Das »Hotel Excelsior« steht noch heute in Bad Iwonicz.

Flug verlief auch gut. Als das Flugzeug endgültig wegflog, ließ es eine ganze Schwesterneinheit auf freiem Feld zurück. Nirgends sahen wir ein Haus.

Wir wussten nur, dass wir warten sollten. Man hatte uns gesagt, wir würden abgeholt. Nach langer Wartezeit erschien ein Sanka, nahm Verwundete auf und fuhr wieder weg. Für uns wurde in der Nähe ein Lager in einem Gebäude errichtet, das wie ein Jagdschloss aussah. Willkommen waren wir dort nicht, hatte ich den Eindruck. Eine Nacht lagen wir nebeneinander im so genannten »Feststadl«, auf Stroh gebettet. Strom gab es nicht. Uns war unheimlich zumute im »Niemandsland«. Am nächsten Tag wurden wir nach Lemberg transportiert und dort zunächst in kleinen Gruppen untergebracht. Ich kam in ein Soldatenheim mit schönen Zimmern. In einem großen Raum mit holzgetäfelten Wänden und Bänken ringsum – es könnte eine Bibliothek gewesen sein – saß ich gerne mal alleine. Im Nachbargebäude gab es ein Bad mit Sauna, wo wir unseren ersten Saunagang machten. Mir bekam die Hitze nicht. Ein Saunagang reichte mir, manche Schwestern gingen jedoch gerne hin. Die Soldatenheime waren im Hinterland in größeren Städten eingerichtet. Wie lange steckten wir dort fest? Ich kann es nicht sagen. Zunächst betrachteten wir uns ohnehin als heimatlos, denn zu unserer Einheit gelang keine Verbindung – trotz aller Versuche unserer Oberschwester Margarete Lapp über die Funkanlage des Stadtkommandanten. Wo war sie geblieben, unsere Einheit?

Schließlich wurden wir gemeinsam, auf wessen Befehl auch immer, in ein Erholungsheim in den Karpaten gebracht – Bad Iwonicz, das gehörte wohl noch zum polnischen Gebiet. Ein Lazarett gab es hier nicht. Das Erholungsheim lag oberhalb des Ortes. Auf einem Bild habe ich den Namen »Hotel Excelsior« gefunden, vom 20. Januar bis 6. Februar 1944 waren wir dort. Außer uns wohnte nur noch Personal im Hotel, das sich nicht besonders freundlich zu uns verhielt. Die saubere und klare Luft war herrlich, es lag jede Menge Schnee. Auf täglichen Wanderungen erkundeten wir die Gegend. Dabei stießen wir sogar auf unsere ersten Erdgas-Bohrtürme. So etwas hatten wir noch nicht gesehen. Mit unseren warmen Stiefeln, Trainingshosen und Pelzjacken sahen wir richtig zünftig aus. Nur die grauen Hauben verrieten überall im Dorf, dass wir Schwestern waren.

Eines Tages trafen Schwestern im Ort auf Soldaten der Luftwaffe. Nun gab es für uns einen Lichtblick. Die Soldaten gehörten zu einer Funkstation, die auf einem Berg in der Nähe lag. Jetzt konnten endlich Funksprüche nach außen gesendet werden – unser Lazarett wurde wieder intensiv gesucht.

In Bad Iwonicz hatten wir einen Schuhmacher entdeckt, der unsere Stiefel flicken konnte. Doch beim Bezahlen bekamen wir Schwierigkeiten, denn wir hatten nur russisches Geld, keine Zlotys. Wie Liselotte und ich bezahlt haben? Vielleicht mit Salz oder Seife. Unsere Währungen wechselten laufend: In Russland hatten wir Rubel, in Polen Zloty, später in Ungarn waren es Pengö – die bestanden aus Aluminium –, in Tschechien Kronen. Wir waren froh, wenn wir, bei unseren raschen Standortwechseln, überhaupt noch an Geld in der Landeswährung kamen.

Im Dorf befand sich auch eine kleine Teestube, in der es gemütlich und warm war. Besonders interessierte uns dort die Gasheizung: Lauter kleine blaue Flämmchen züngelten unter den Heizkörpern und hielten das Wasser heiß. Aber auf Dauer wurde es langweilig. In der Zwischenzeit hatten wir uns erholt. Nun wollten wir wissen, wo unsere Einheit war. Wir waren abgeschnitten, erhielten keine Post von zu Hause, nichts. Eines Tages hatte die Funkstelle endlich Erfolg und überbrachte uns einen Funkspruch: »Wir holen euch ab!«

Was waren wir glücklich, wieder mit der Außenwelt verbunden zu sein. Hurra! In Windeseile packten wir, aber bis wir geholt wurden, dauerte es lange, denn der Lastwagen hatte mit dem Schnee zu kämpfen. Als er endlich eintraf, stiegen wie frohgemut auf und fuhren nach Tschenstochau. Dort warteten schon unsere Ärzte und die restliche Mannschaft auf uns. Wir bezogen eine Klosterschule und richteten unser Lazarett ein. Die Unterkünfte für die Schwestern lagen außerhalb – diesmal waren es richtige Wohnungen mit Küche und Badewanne. Was für ein Luxus. Wenn wir den Herd heizten, hatten wir es auch nicht mehr so kalt, dann waren sogar die Zimmer überschlagen.

Tschenstochau mit seiner wundertätigen Schwarzen Madonna ist sehr bekannt, nicht nur im katholischen Polen. Das Kloster mit der Madonnenkirche steht hoch über der Stadt und ist von einer Mauer umgeben. Davor befindet sich ein großer, freier Platz für die Pilger. Stufen führen hinunter auf den Pilgerweg, der von alten Bäumen gesäumt ist. Auf diesem Weg kommen jährlich tausende Wallfahrer von der Stadt zur Mutter Gottes heraufgewandert, die hinter einem hohen Eisengitter im Chor der Kirche zu sehen ist. Viele Menschen sollen hier Heilung und Hilfe gefunden haben. Überall hängen Krücken, Stöcke und Amulette von dankbaren Gläubigen. Augustinermönche betreuen die Anlage, sie pflegen auch einen kleinen Garten. Selten bekamen wir einen der Mönche zu sehen, sie lebten sehr zurückgezogen.

Es war ein wunderbarer Frühling. Rings um das Lazarett in der Klosterschule blühten Obstbäume, weiß leuchteten deren mit Kalk gestrichenen Stämme. Auch in unserem Kloster hatten die Mönche einen Garten mit gepflegten Wegen angelegt. Das war so schön, dass wir Schwestern in unseren Räumen ein Frühlingsfest feierten.

»Kaffee-Visite« auf dem Balkon des Lazaretts in Tschenstochau. Schwester Hede Vetter links, ich und Schwester Gertrud Frick, 1944.

Unser Lazarettbetrieb kam nur langsam in Gang. Viele Transporte, die zu uns gelangten, wurden gleich weiter zurückverlegt nach Breslau. So hatten wir zunächst Zeit, alles zu ordnen und einzuräumen. Als schließlich die ersten Patienten kamen, war nur die Innere belegt; so halfen wir eben dort mit. Oder auch in der Küche, beim Kartoffelschälen. Einmal bekamen wir frischen Spinat, einen riesigen Berg, der rasch küchenfertig geputzt werden musste: Zehn Schwestern und einige Patienten saßen gemeinsam im Hof und putzten fleißig das Grünzeug. Das Küchenpersonal wusch es dann am Brunnen und mittags gab es frischen Spinat mit Spiegeleiern – das war eine herrliche Mahlzeit und hat allen wunderbar geschmeckt.

Leider machten mir in Tschenstochau meine Weisheitszähne zu schaffen. Oft konnte ich vor Schmerzen nicht kauen, aber unser Truppenzahnarzt wagte sich nicht daran. Eines Tages entschied Doktor Poth – er war zwar unser OP-Chef, aber kein Zahnarzt –, dass es so nicht weitergehen könne. Er wolle die Stelle vereisen und die Tasche aufschneiden. Keiner von uns beiden wusste, ob das gelingen würde, aber mir blieb nichts anderes übrig. Ich fügte mich in mein Schicksal und machte den Mund auf. Eine Kompresse wurde eingesetzt, Chloroform gesprüht, das Skalpell angesetzt, es krachte etwas – dann war der Zahn frei und hat jahrzehntelang gehalten. Die Prozedur war nicht angenehm, aber ich konnte bald wieder normal kauen.

Ein Zwischenfall im Kloster sorgte für große Aufregung. In unser Lager hatte sich ein Partisan eingeschlichen. Als einer unserer Sanitäter aus der Tür trat, wurde auf ihn geschossen. Er konnte gerade noch ausweichen, es war ihm nichts passiert. Aber nun war die Gefahr groß. Sollte etwa eine Sprengung vorbereitet werden? Und wo? Im Lazarett? Vielleicht auch in der angebaute Kirche?

Polnische Dolmetscher und die Mönche versuchten, den Mann, der sich in der Klosterkirche verbarrikadiert hatte, zum Aufgeben zu überreden. Er antwortete jedoch nur mit Schüssen. Sobald die Tür geöffnet wurde – und es gab nur diese eine – schoss er. Schließlich gelang es, ihn an ein hohes Fenster zu locken, an das eine Leiter angelegt wurde. Bei diesem Ablenkungsmanöver wurde er von einem Scharfschützen erschossen, die Gefahr war gebannt. Das war eine traurige und bedrückende Situation, aber anders war an den Mann nicht heranzukommen. Es konnte nicht geklärt werden, wer er war und was er geplant hatte. In diesem Krieg gab es so viele Unklarheiten auf beiden Seiten.

In Tschenstochau erreichten uns Nachrichten von zu Hause. Wir hörten von immer mehr Fliegerangriffen auf die Bevölkerung und auf die Städte, viele seien ausgebrannt. Nicht nur an der Front starben Menschen, sondern auch in der Heimat, in Stuttgart, Köln, Hamburg, Berlin. Was auf allen Seiten und in allen Ländern zerstört wurde, wie viele Menschen getötet wurden, war unfassbar.

Verlegung nach Ungarn

Doch auch in Tschenstochau waren wir nur kurze Zeit, bis zum 20. Mai 1944. Dann hieß es erneut: weiterziehen. Das gesamte Lazarett wurde verlegt, diesmal ging es nach Ungarn. Eine lange Fahrt im Güterzug stand uns bevor. Auf freier Strecke mussten wir oft auf die Weiterfahrt warten. Unsere beiden Waggons waren je zur Hälfte mit Matratzen ausgelegt. Ab der Schiebetür war unser Gepäck gestapelt und in der Ecke eine Toilette hinter Zeltplanen eingebaut. Das haben die Männer für uns wirklich komfortabel eingerichtet, auch wenn die Toilette nur für Notfälle gedacht war. Um die einfache Konstruktion im Zug zu entlasten, kam deshalb regelmäßig das Kommando: »Männer rechts, Schwestern links …«. In den Waggons musste ja Ordnung herrschen. Bei einem längeren Halt auf freier Strecke hatten wir sogar Zeit, Schuhe und Stiefel zu putzen. Schließlich wollten wir in Ungarn sauber und gepflegt ankommen. Zur Absicherung standen unsere Sanitäter aber mit geschultertem Gewehr gleich daneben.

Dombovar war unser neuer Standort, eine Kleinstadt im Süden, nahe Pécs (Fünfkirchen). Dort belegten wir ein Kloster und eine große Schule. Der Aufbau des Lazaretts ging rasch voran, wir hatten inzwischen ja oft genug geübt.

Die Einwohner waren uns anfangs nicht sehr wohl gesonnen, denn wenige Tage zuvor waren hier alle Juden abtransportiert worden, aber das erfuhren wir erst nach und nach. Ausgerechnet in deren Wohnungen wurden wir untergebracht – eine schwierige und belastende Situation. Meist war in den Wohnungen Platz für acht bis neun Schwestern, dennoch waren wir weit verstreut. Durch den Hof in dem uns zugeteilten Haus gingen Arbeiter zu einer Schreinerei, deren Besitzer ebenfalls verschleppt worden war. Hinter dem Haus lag ein von Frauen und Kindern bewohntes Ghetto. Gleich am ersten Abend fehlten alle Zahnbürsten im Bad – wir hatten das Fenster offen gelassen. Auch in unseren Zimmern stellten wir fest, dass jemand im Haus war, während wir im Lazarett arbeiteten.

Dombovar selbst war ungarisch, gleich im nächsten Dorf aber, in Kaposszekcsö, wohnten Volksdeutsche. Sie hatten schön gepflegte Häuser und Gärten, in denen wir vom Lazarett gern als Gäste empfangen wurden. Das war eines der typischen Straßendörfer: Die Giebelseiten und großen Hoftore zeigten zur sehr breiten Straße, dahinter lagen lang gestreckte Hausfronten mit dem Wohnteil, daran angebaut waren Stall und Scheune, alles wirkte sauber und aufgeräumt. Die meisten Bewohner sprachen badischen Dialekt und hatten noch deutsche Familiennamen. So besuchten wir auch eine Familie Gsellmann, die aus der Pforzheimer Gegend stammte. Ihre Vorfahren waren einst mit wenig Hab und Gut nach Ungarn gekommen. Sie hatten mitgeholfen, die Dörfer in hübsche Ortschaften zu verwandeln, mit großen Melonenfeldern, Weingärten, Mais- und Sonnenblumenfeldern, so weit das Auge reichte.

Unsere Verwundetentransporte kamen aus Jugoslawien von den Kämpfen gegen die Partisanen und aus der Gegend um Lemberg – wo die Front genau verlief, wussten wir nicht. Große Staffeln von Flugzeugen überflogen uns täglich, immer wieder gab es Alarm. Bomben fielen außerhalb, aber eines Tages in der Stadtmitte. Dabei wurde auch die Zivilbevölkerung getroffen. Die Verwundeten wurden zu uns ins Lazarett gebracht und von uns versorgt, aber wir durften die Leute nicht behalten – eine prekäre Situation für unsere Ärzte. Einige Verletzte mussten direkt nach Pécs geschickt werden, die anderen wurden von uns sozusagen »schwarz« verbunden. Dadurch verbesserte sich das gespannte Verhältnis zur Bevölkerung.

In einem benachbarten ungarischen Dorf lag eine Nachrichtentruppe der SS, die Kontakt zum Lazarett aufnahm. Sie kamen zu uns in die Ambulanz und brachten ihre Kranken. Auf den Stationen waren meist Leichtverletzte, alle anderen wurden zurückverlegt. Unser Standort lag ungünstig, weil teilweise Brücken gesprengt waren.

So verbrachten wir in Dombovar einen sehr schönen Sommer. Oft erhielten wir Einladungen in die volksdeutschen Dörfer. Auch durften wir in kleinen Gruppen einige Tage nach Budapest und an den Plattensee fahren. Das war ein besonderer

Bei der Weinlese half ich der Familie Gsellmann in Kaposszekcsö, dem Dorf der Volksdeutschen, 1944.

deres Bonbon für uns, denn wir hatten eigentlich Urlaubssperre, weil der Frontverlauf zu unsicher war. Im Lande selbst merkten wir nichts davon, aber die Nachrichten, die uns erreichten, wurden immer schlechter, sie verhießen nichts Gutes. Durch die Bevölkerung erfuhren wir meist mehr als auf dem Dienstweg. In Budapest besuchten wir die Margareten-Insel mit den wunderbar warmen Quellen. Für unsere Körper war es ein Genuss, auf allen Vieren durch die Wasserwege zu kriechen, wir konnten auf den Unterwasserbänken ausruhen und plauschen. Den Schwefelgeruch, der überall in der Luft lag, rochen wir bald nicht mehr. Außerdem sahen wir das Schloss und das vornehme Gellert-Bad mit Hotelbetrieb für Gutbetuchte. Dazu gehörten wir nicht. Mitten im Krieg war es für uns dennoch – oder gerade deswegen – ein ganz besonderes Erlebnis.

Unser Chef erlaubte uns an freien Tagen, den Volksdeutschen beim Traubenlesen zu helfen. Oft konnten in den Dörfern ja nur Frauen, Kinder und alte Leute arbeiten, die Männer waren als Soldaten fern der Heimat. Uns hat es viel Spaß gemacht zu helfen. Die Trauben, die wir ernteten, waren riesig, eigentlich zu schade für die Presse. Die Weinkeller lagen mitten im Weinberg, tief in der Erde. Eine kleine Tür führte hinein, zwei bis drei Stufen, ganz hinten befand sich nur ein kleines Lüftungsloch. Im Keller lagen viele Fässer voll mit köstlichem Rotwein oder Tokajer. Dazu schmeckte das Bauernbrot mit Paprikaspeck und Wurst nach der Arbeit wunderbar. Am Abend eines solchen Tages holte uns ein Auto ab oder ein Bauernjunge brachte uns mit einem Pferdewagen zurück ins Lazarett. So zog dieser herrliche Sommer vorbei.

Einmal hatte sich in einem Bauernhaus die Großmutter das Bein gebrochen und ihre Familie hatte im Lazarett deshalb um Hilfe gebeten. Ich fuhr zusammen mit einem Arzt und einer Schwester hin und wir legten einen Oberschenkelgips an, um das Bein ruhig zu stellen.

Während dieser Zeit zogen schon lange Flüchtlingstrecks durch die Straßen, sie kamen meist aus dem Süden und der Batschka, voll beladen mit Hausrat und Betten. Oft waren es nur Frauen, Kinder und alte Männer, die jungen Männer waren im Krieg. Auf die Frage, wo sie denn hinwollten, sagten sie: »Nach Deutschland, da, wo unsere Vorfahren herkommen«. Man habe sie von Haus und Hof gejagt. Auch die Familie Gsellmann wollte weg und ihre Großmutter auf dem Wagen mitnehmen. Das muss im September 1944 gewesen sein. Am 5. September 1944 bekamen wir Schwestern für den unendlich kalten Winter von Shitomir im Nachhinein die »Deutsche Volkspflege-Medaille« verliehen, im Feldjargon »Gefrierfleisch-Orden« genannt.

Eines Tages kamen keine Verwundetentransporte mehr zu uns durch. Was war los? Nachrichtensperre war verhängt worden, die Bevölkerung wusste wieder mehr als wir. Eine junge Frau aus der Verwaltung fragte unseren Chef, ob wir sie mitnehmen würden, wenn das Lazarett wegginge. Durch diese Frage waren wir vorgewarnt. Wir packten einige Dinge zusammen. Auch in einem Haus, in dem sechs unserer Schwestern wohnten, machte ein alter Mann beim Fliegeralarm auffällige Bemerkungen und scheuchte die Schwestern aus dem Haus in den Keller. »Mutti Dora« – eine Schwester, die nach ihrem Einsatz in Frankreich zu uns gestoßen war – behauptete schon lange, dass er »nicht sauber« sei. Wie sich herausstellte, hatte er tatsächlich eine Funkanlage betrieben. Durch Zufall wurde er entdeckt und abgeführt. Er soll mit den Russen gemorst haben.

Am 24. Oktober 1944 brachen wir unsere Zelte ab; wir wurden nach Norden verlegt. Adieu, schönes Ungarnland. Zwischenstation für unser Lazarett war Judenau – bis ein neuer Befehl kam. Nun konnte ich mit einigen anderen von uns in den Urlaub fahren – schon auf der Strecke stiegen wir in den Urlauberzug Richtung Wien um.

Der Aufenthalt in Künzelsau war sehr unruhig. Im Westen wurde heftig gekämpft; amerikanische und englische Bomber griffen überall Städte an und legten sie in Schutt und Asche. Wo war die Bevölkerung denn noch sicher? In der Heimat tobte ebenso der Krieg, viele kamen im Bombenhagel um. Ständig gab es Fliegeralarm, meist wurde Heilbronn angegriffen. Tagsüber kamen die »Japas« – Jagdflieger, die Bomben abwarfen – und schossen auf alles, was sich bewegte. Einmal konnte Mutter gerade noch hinter der Haustreppe Schutz vor einem Tiefflieger finden. Selbst einzelne Pferde- oder Ochsengespanne auf den Feldern wurden beschossen. Ich fühlte mich unwohl während dieses Heimaturlaubs und war froh, als mich das Telegramm erreichte, in dem mir mein neuer Einsatzort mitgeteilt wurde: Bad Pistyan – wo immer es auch sein mochte in der Slowakei. Nur fort von hier – an der Front kam der Feind wenigstens von vorn. Oder war die Geborgenheit im Lazarett nach all den Jahren größer als zu Hause? Mutter konnte fast nicht begreifen, dass ich diesmal gerne wegfuhr.

In der Slowakei

Mit Schwester Anni Markert traf ich mich in Würzburg am Bahnhof. Gemeinsam bestiegen wir noch vor unserer Abfahrt den Kalvarienberg. Ihr Bruder galt als vermisst; auf dem Berg wollte sie eine Kerze für ihn anzünden und eine Messe lesen lassen. Meine Kerze sollte für ein baldiges Kriegsende brennen.

Die Fahrt bis Wien verlief gut, aber schon am Bahnhof überraschte uns Fliegeralarm: Jetzt schnell – wohin? Drinnen war alles überfüllt mit Soldaten, die zur Front mussten, aber nicht wegkamen, weil die Strecken zerstört waren. Wir drückten uns in einer Ecke an die Wand. Sirenengeheul – flüchtende Menschen. Dann Bombeneinschläge in der Nähe – Rauchschwaden, Feuerwehr – meist Frauen.

Wo sollten wir diese Nacht bleiben? Jedenfalls nicht am Bahnhof, das stand fest. Das Quartieramt teilte uns eine Bleibe zu, aber im Nachbarhaus war zuvor eine Bombe eingeschlagen. Ein Blindgänger lag noch auf der Straße, deshalb wollten wir nicht ins Haus hineingehen. Wir hasteten zurück, da folgte schon wieder Alarm. Wir liefen hinter den Leuten her bis zum nächsten Luftschutzkeller, viele schlecht beleuchtete Treppen hinunter, Kinder weinten, überall verstörte Gesichter.

Bombeneinschläge in unmittelbarer Nähe – vielleicht sogar über uns? Immer mehr Menschen strömten in die Luftschutzräume. Wir hockten nebeneinander und zitterten. Keiner sprach mit dem anderen – überall Angst. Ich weiß nicht mehr, wie lange wir uns da unten befanden. Dann war es vorüber, wir kamen wieder heraus und wollten nur noch zum Bahnhof, nichts wie weg aus dieser Stadt.

Über Pressburg konnten wir schließlich weiter nach Bad Pistyan fahren. In der Nähe lag die größere Stadt Trencin, bekannt durch ihre gute Wolle und viele Spinnereien. In Pistyan hatte unsere Einheit schon das Lazarett aufgebaut. Nun konnten wir sagen: Endlich daheim. Daheim bei Menschen, die wir gut kannten. Das Lazarett war in einem vornehmen

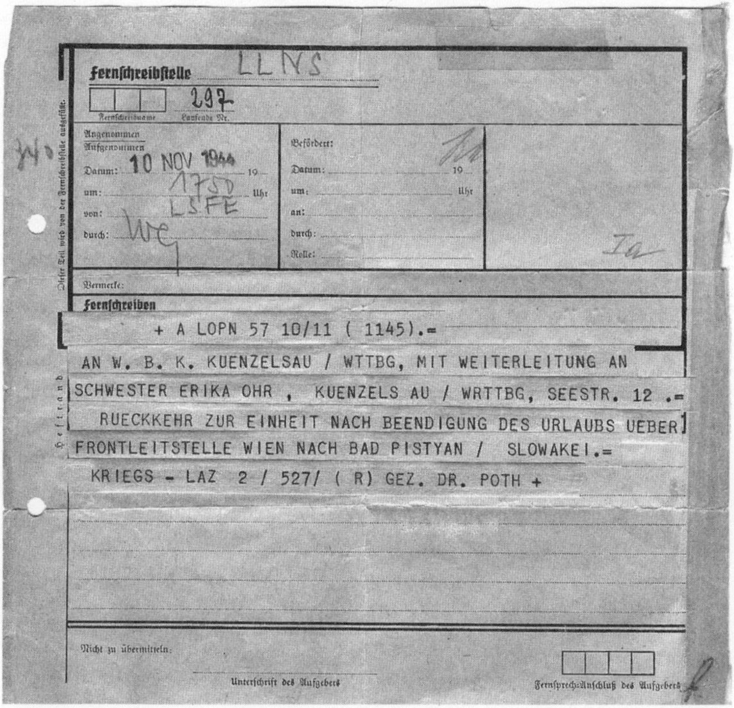

Fernschreibstelle LLNS

297

Angenommen
Datum: 10 NOV 1944
um: 1750
von: LSFE
durch: Weg

Befördert:
Datum:
um:
an:
durch:
Rolle:

Ia

Vermerke:

Fernschreiben

+ A LOPN 57 10/11 (1145).=

AN W. B. K. KUENZELSAU / WTTBG, MIT WEITERLEITUNG AN
SCHWESTER ERIKA OHR , KUENZELS AU / WRTTBG, SEESTR. 12 .=
RUECKKEHR ZUR EINHEIT NACH BEENDIGUNG DES URLAUBS UEBER
FRONTLEITSTELLE WIEN NACH BAD PISTYAN / SLOWAKEI.=
KRIEGS - LAZ 2 / 527/ (R) GEZ. DR. POTH +

Nicht zu übermitteln:

Unterschrift des Aufgebers

Fernsprech-Anschluß des Aufgebers

Der Einsatzbefehl nach Bad Pistyan kam per Telegramm und beendete meinen Heimaturlaub im November 1944. Fast war ich froh darüber.

Kurhotel untergebracht; Bad Pistyan hatte weltweit bekannte Moorbäder und ein mildes, angenehmes Klima. Schon der Hoteleingang war ein Genuss fürs Auge. Ein Vestibül mit rötlichem Mahagoni-Holz am Empfang, ein wunderschöner Treppenaufgang. Uns Schwestern schmerzte es, auf den herrlichen Mosaikböden unsere kalten Metall-OP-Tische aufzustellen. Außer dem Lazarett mit seinen Krankenzimmern und unseren eigenen Unterkünften sahen wir aber kaum etwas von dem schön gelegenen Kurort in den Karpaten.

Mittlerweile war es Spätherbst geworden und kalt. In Bad Pistyan gab es zwar warme Fellmäntel zu kaufen, aber uns fehlte leider das Geld dazu. Außerdem mussten wir ja schon wieder in einer anderen Währung zahlen. Ich leistete mir eine blaue Handtasche und erstand ein Stück Stoff für einen Schal.

Ins Lazarett kamen viele Patienten mit Diphtherie und Lungenentzündung. Bald hatten sechs Schwestern der Inneren Station ebenfalls Nasendiphtherie und wurden als Bazillenträger isoliert. Ich musste mir auf unserer Zahnabteilung einen Schneidezahn richten lassen. Eine Goldkrone hatte ich aus dem Heimaturlaub mitgebracht; der Rest wurde, da sie nicht ausreichte, mit einem Teil eines Kupferpfennigs ergänzt. Dieser Zahn hat bis in die sechziger Jahre gehalten – so gut hat unser Zahnarzt gearbeitet.

Bis zum 20. Dezember 1944 arbeitete ich in Bad Pistyan, dann wurde ich zum Feldlazarett 638 abkommandiert. Das lag gleich hinter der ungarischen Grenze. Dort gab es keine Sanitäter mehr, weshalb wir zu dritt abgestellt wurden – Schwester Lore Wucherer und Schwester Maria Britz für die Station und ich für den OP. Ein Stück konnten wir mit dem Zug fahren, dann holte uns ein Sanka ab. Der Ort hieß Sered. Das Lazarett war wieder in einer Schule untergebracht, ein großes Gebäude, daneben zwei Baracken. Nach sechs Metern kam ein Drahtzaun, dahinter eine Turnhalle, voll mit Gefangenen. Wachposten liefen überall herum.

Es war schon dunkel, als wir drei in eine der Baracken eingewiesen wurden. Licht durften wir nicht anschalten. In der Nacht hörten wir plötzlich lautes Gerumpel und Stimmen, nebenan wurden Männer untergebracht. Wir schoben einen schweren Schrank vor die Tür und schliefen in unseren Trainingsanzügen. Wir hatten keine Ahnung, was draußen geschah.

Am nächsten Morgen brachten uns Wachposten zum Hauptgebäude; Ärzte und zwei weitere Schwestern waren ebenfalls hierher abkommandiert. Wo diese Schwestern untergebracht waren, wussten wir nicht, wir sahen sie kaum. Auch »meine zwei« sah ich den ganzen Tag nicht.

Hier ging es zu wie in einem Taubenschlag. Die Front lag knapp hinter der Grenze zu Ungarn bei einem Ort namens Galanta. Dort war der Feind durchgebrochen. Im OP gab es praktisch nichts Verwertbares: keine sterilen Dinge, nur verrostete Instrumente, wir konnten keine Narkose machen –

es herrschte ein wildes Durcheinander. Die Ärzte und Schwestern hatten offensichtlich Hals über Kopf zusammenpacken und fliehen müssen – und nun sollte das Lazarett schon wieder voll im Einsatz sein.

Ein Arzt kam aus Eislingen bei Göppingen. Er war ein so genannter Praktischer Arzt. Nun stand er an der Front und musste schwierige Entscheidungen treffen – möglichst schnell, denn schon kamen die nächsten Verwundeten: Arm absetzen, Bein absetzen ... Zwar hatte er noch zwei Unterärzte dabei, doch sie waren ebenfalls sehr unsicher. Bald aber konnte einer von ihnen einen Chloroformrausch machen oder etwas Äther nachtropfen. Die Instrumente kochte ein junger Soldat aus. In wenigen Tagen hatten wir uns organisiert und die Versorgung klappte ganz gut. So konnte ich überall einspringen, wo man mich gerade brauchte. Aber die Front kam uns bald zu nah, der Kanonendonner rückte immer näher. Die Verwundetentransporte erreichten uns schneller und schneller, schon nach wenigen Stunden lagen die Verletzten auf unserem OP-Tisch.

Nach der Arbeit rieben wir unsere strapazierten Beine mit Franzbranntwein ein, den gab es wenigstens noch. Gegessen haben wir in einer Ecke im OP. Ob wir uns irgendwo waschen konnten, weiß ich nicht mehr, Toiletten befanden sich nur oben auf Station. Da konnte ich wenigstens einmal eine andere Schwester sehen: Ich winkte Schwester Lore zu, ehe wir uns schon wieder aus den Augen verloren. Abends brachte uns ein Wachposten in die Baracke zurück. Wir waren völlig erschöpft, kaum fähig, ein Wort miteinander zu wechseln. Wir schliefen auf Matratzen auf dem Boden. Nirgendwo konnten wir unser Gepäck verstauen. Hinter einem Drahtzaun hatten wir am zweiten Tag zwei »verlassene« Nachtkästchen entdeckt, die wir uns organisierten.

Am 26. und 27. Dezember 1944 kamen die leichter Verwundeten direkt von der Front zu Fuß zu uns, wir wurden Hauptverbandsplatz. Wenn möglich, brachten wir sie gleich zum Bahnhof, dort stand ein Zug bereit. Überall in den Gängen lagen Tragen mit Schwerverletzten, viele von ihnen starben, bevor sie ein Arzt gesehen hatte. Im OP wussten wir nicht mehr, welchen Schwerverletzten wir zuerst operieren sollten.

Wer hatte die größere Chance zu überleben? Danach haben wir die Patienten ausgewählt und entschieden. Manche Splitter zogen wir ohne Betäubung heraus, weil der Patient ohnehin das Bewusstsein verloren hatte. In dieser chaotischen Nacht wurde die Lage kritisch. Wir Schwestern sollten möglichst schnell weg von der Front – aber wie? Unser Gepäck stand griffbereit in unserer Nähe, die beiden »geliehenen« Nachtschränkchen hatten wir bereits wieder an den Lagerzaun gestellt.

Am Vormittag kam plötzlich ein Anruf vom Kommandanten. Er fragte: »Sind die Schwestern schon weg?« »Nein, die sind noch da.« »Ich komme sofort, der letzte Zug fährt in einer halben Stunde, wir hoffen, er kommt noch raus.« Uns blieb nur ein schneller Abschied im OP. Schwester Lore und Schwester Maria fand ich unter Massen von Verwundeten. Wir mussten sofort mitkommen. Im Hof wartete schon der Wagen, wir warfen das Gepäck hinein, stiegen rasch ein und fuhren los. Die Soldaten riefen uns noch nach, wünschten uns eine gute Fahrt und dass wir heil durchkämen.

Der Zug hatte nur noch auf uns gewartet, er war voll mit Menschen. Verwundete, Zivilisten, wir Schwestern, ein buntes Gemisch von Flüchtenden. Zum Glück erlebten wir keine Flugzeugangriffe. Der Zug fuhr bis Pistyan und wir hofften, dass unser Lazarett noch dort war. Wir fuhren mit einer Kutsche in die Stadt, aber die Schwesternwohnungen waren leer. Im Lazarett herrschte zwar Betrieb, doch überall sahen wir fremde Gesichter, die fragten: »Schwestern, wo kommt ihr denn her?« Wir trafen auf ein Feldlazarett beim Einzug und fragten nach unseren Leuten. »Die sind weg, seit heute morgen. Wo ihr herkommt – das kann doch nicht sein, da ist doch bereits der Feind durchgebrochen!«

Das stimmte. Der Stabsarzt beschloss, dass wir erst gar nicht auspacken sollten, alle Transporte wurden schon weitergeleitet. Schnell wurde ein Auto organisiert, vielleicht konnten wir ja unsere Leute noch auf dem Güterbahnhof erreichen, wo sich die Transporte sammelten. Wir stürzten in den Wagen mit dem Gepäck und in rasanter Fahrt ging es zum Güterbahnhof. Dort wurden gerade die Waggons, in denen unsere Einheit fuhr, mit einer Güterlokomotive versehen. Erleichtert schrien wir auf – wir konnten noch mit.

Geschafft von all den Ereignissen und dem Tempo, in dem sie abgelaufen waren, saßen wir bei den anderen Schwestern im Güterwagen und erzählten, was sich in den acht Tagen seit der Trennung ereignet hatte. Wohin die Reise jetzt ging, wusste keiner. Nur eines war sicher: Es ging westwärts. Keiner von uns glaubte mehr an den Sieg, auch wenn die Propaganda noch so laut trommelte. Monatelang bewegten wir uns dann rückwärts, ohne große Angriffe. Unsere Soldaten waren ausgemergelt und hofften, dass der Krieg bald zu Ende sei.

Der Rückzug geht weiter: Tschechien

In der Nähe von Brünn in Tschechien befand sich unsere neue Station. Groß-Meseritsch war eine Kleinstadt, noch unzerstört. Wir konnten dort eine Schule und einen Kindergarten belegen. Ein neues Bild begleitete uns stets von nun an: die vielen Flüchtlingstrecks aus Schlesien, die nach Westen zogen. Neben den Verwundeten lagen nun auch Frauen mit kranken Kindern, alte Männer mit Schlaganfall und Säuglinge auf unseren Stationen, alle durcheinander. Eine schreckliche Zeit, kurz vor dem Zusammenbruch.

Ich hatte Nachtwache, war allein mit so vielen kranken Menschen in dem riesigen Gebäude und erhielt jeden Abend andere Anweisungen. Nur mit einer Taschenlampe lief ich durch die Gänge, denn das Treppenhaus konnte nicht verdunkelt werden, Licht musste ausgeschaltet bleiben. In einem Saal lagen Mütter mit ihren kranken Kindern zusammen in einem Bett. Der Treck, der sie gebracht hatte, war schon weitergezogen.

Ich erlebte erschütternde Szenen. Die Flüchtlinge wollten sich wieder treffen, doch keiner wusste, ob und wann es jemals dazu kommen würde. So etwas schien fast aussichtslos in diesen Kriegswirren. Manches Kind starb und die Mutter musste allein weiter.

Waren die kranken Kinder noch sehr klein, legten wir sie zu dritt oder viert quer in die Betten. Die Mütter konnten wir nicht mit aufnehmen. Die meisten Kinder bekamen Röteln und Masern. Oben in der Kinderstation lagen die Säuglinge direkt nebeneinander. Schwester Gertrud hatte zum Glück eine Ausbildung als Kinderschwester, doch es fehlte an allem: Windeln, Fläschchen, Nahrung – die Apotheke im Ort war leer gekauft.

Auch ein Kinderarzt gehörte zu unserer Mannschaft, Doktor Mühlenkamp aus dem Rheinland, aber selbst er konnte die Mittel nicht herbeizaubern. Wir waren aber ein Lazarett und mussten die Leute versorgen – da hieß es improvisieren. Zwei Tage verbrachte ich auf der Kinderstation im Obergeschoss, dann bekam auch ich die Röteln. Doch es war nur ein Ausschlag an den Unterarmen. Krank machen konnte ich nicht, die Arbeit ging weiter.

In einem Seitenflügel waren alte Männer untergebracht. Einer von ihnen fiel immer wieder aus dem Bett. Er war sehr groß und ich musste mich stets sehr mühen, bis ich ihn wieder hineinbrachte. Der Mann fantasierte, in Gedanken war er bei seinem Treck und trieb die Pferde an. Deshalb war er wohl so rastlos – kein Medikament konnte ihn ruhig stellen. Er starb, die Angehörigen mussten ihn begraben und weiterziehen.

Vielen Masernkindern ging es sehr schlecht, eine Mutter verlor gleich zwei Kinder bei uns. Mit dem dritten musste sie dann weiterziehen, vom Vater der Kinder hatte sie schon lange keine Nachricht mehr.

Diese Einzelschicksale lasteten sehr auf mir. Wenn ein Kind in der Nacht starb, konnte ich es ja nicht bei den anderen lassen. Aber wohin mit dem kleinen Leichnam? Direkt neben unseren Sälen, die sich in einer Schule und einem Kindergarten befanden, lag ein Raum mit vielen Kleiderhaken, den man abschließen konnte. Zu Schulzeiten konnten die Schüler dort ihre Mäntel und Jacken aufhängen. Hier hinein legte ich die toten Kinder. Wenn dann die Schwester von der Tagschicht kam, blickte sie immer zuerst in den vergitterten Kleiderhakenraum – so nannten wir ihn –, ob wieder ein totes Kind darin lag.

Den Druck der Front spürten auch wir. Patienten, die halbwegs transportfähig waren, wurden weitergeschickt, denn die Russen kamen näher, auch von Nordosten; der Korridor Richtung Pilsen wurde immer enger. Alles drängte nach Westen; an der deutsch-tschechischen Grenze staute es sich jedoch, weil französische und amerikanische Truppen gen Osten vorrückten.

Und schon wieder musste ich Feuerwehr spielen und in einem Feldlazarett einspringen. Aber zum Operieren kamen wir nicht – lauter Soldaten mit »Dünnpfiff« lagen dort, eine Ruhrepidemie war ausgebrochen. Frühmorgens wurde ich hingebracht, abends wieder zurück. Das dauerte drei Tage, dann setzte sich das Feldlazarett weiter nach hinten ab. Keiner wollte den Russen in die Hände fallen. Befehle drangen fast nicht mehr zu uns durch.

13. Februar 1945. Nachricht von daheim: Dresden schwer bombardiert, Tante Marie lebt, alles verloren. Onkel Robert wohl im Haus umgekommen. Das Haus von Tante Alma ausgebrannt.

Am 16. April 1945 verluden auch wir unser Lazarett, mitten in der Nacht, alles musste mit: Verwundete, Material, auch unsere zwei Pferde und Adam, der Pferdepfleger. Wohin? Doktor Poth sagte: »So weit wir kommen mit dem Zug!« Wir hatten kein Ziel mehr, doch möglichst über die Grenze sollten wir noch gelangen. Nun waren auch wir auf der Flucht.

In der Nacht brachen die Russen bis Heinrichsdorf durch, um 4 Uhr in der Früh gab es Alarm, wir mussten sofort weg. Ich konnte nicht aufstehen, versuchte es, taumelte schließlich heraus. »Wie siehst du denn aus?«, fragten die Schwestern. Von Kopf bis Fuß war ich mit Masern bedeckt. Schnell riefen sie die Oberschwester und den Truppenarzt – ja, es waren die Masern, ohne Zweifel. Ich hatte mich bei den Kindern angesteckt.

Der Arzt entschied: Schwester Erika fährt im Sanka mit, darf nicht in den großen Transport wegen der Ansteckungsgefahr. Alle anderen mussten rasch zum Bahnhof, mich brachte man zur Nachhut ins Hauptgebäude. Dann kam Fliegeralarm. Allein lag ich hochfiebernd in einem großen Saal nahe der Pforte. Wenn ich wach wurde, befiel mich Angst, ob sie mich vergessen hatten. Jede Stunde schaute ein Sanitäter oder Doktor Röse zu mir herein, sie brachten mir etwas zu trinken oder halfen mit, wenn ich meine verschwitzte Kleidung wechseln musste. Erst zwei Tage später konnten wir losfahren, dann ging es mir etwas besser. Die Fliegeralarme waren am schlimmsten: allein sein und nicht weglaufen können.

Mit zwei Sankas waren wir nun unterwegs – Richtung Budweis und Klattau. Dazu kam noch ein kleiner Lastwagen mit einem Holzkohlevergaser, den unser Fahrer Karl Hornikel steuerte. Doktor Röse fuhr den Sanka, in dem ich am ersten Tag lag. Die Straßen waren verstopft, immer wieder verloren wir die anderen aus den Augen, warteten auf sie. Karl Hornikel schaffte, dass wir beisammenblieben. Vor Einbruch der Dunkelheit machten wir uns auf Quartiersuche: Doktor

Poth entdeckte eine Bleibe, für mich einen kleinen Raum, die Männer schliefen zwei Türen weiter. Ich hatte wieder Angst, sie könnten mich vergessen, denn der Fliegeralarm verfolgte uns unentwegt. Meine Tür hatte ich mit Koffer und Rucksack verbarrikadiert, abschließen konnte man nicht.

Dann zogen noch mehr Menschen zum Schlafen ein. Gegen 3 Uhr morgens schlich ich zur Toilette und schaute nach, ob meine Männer noch da waren. Alle schnarchten ruhig. Karl Hornikel brachte mir eine Schüssel Wasser zum Waschen. Später tranken wir Tee oder Kaffee, Verpflegung hatten wir bei uns. Zwei Mann zogen als Spähtrupp los zur Bahnstation und suchten unseren Transport. Der sei schon durch, Richtung Pilsen oder Klattau, sagte man ihnen. An diesem Tag konnte ich bereits wieder vorn beim Fahrer sitzen.

Ich fühlte mich besser, die Masern-Pusteln heilten ab und es juckte kaum mehr. Ich wusste: Als Kind hatte ich sowohl Masern als auch Röteln. Unser Hausarzt Doktor Radke war damals öfter in unser Haus gekommen, er hatte uns immer einen groben Klaps gegeben. Doch nun muss ich mich nochmals bei den vielen Kindern, die an Masern und Röteln erkrankt waren, angesteckt haben. Nachts trug ich oft ein Kind auf dem Arm, bis es wieder ruhiger wurde und einschlief. Außerdem hatte ich mir auch noch Kopfläuse eingefangen, denn täglich mussten wir die Köpfe der armen fiebrigen Kinder nach Läusen durchkämmen.

Nach drei Tagen fanden wir unsere Einheit per Zufall wieder. In einem kleinen Dorf, durch das wir fuhren, erkannte Karl Hornikel plötzlich drei Männer von hinten an ihrem Gang. Schnell liefen wir zu ihnen – ja, war das eine Freude! »Wir liegen hier fest, die Schwestern sind in dem kleinen Haus untergebracht«, sagten sie. Dort lieferten sie mich ab, ich konnte mich gleich auf eine Matratze legen. Endlich verging meine Angst.

Die Ärzte und die übrigen Männer suchten nach einem Weg, um weiterzukommen. Die Chefs waren nun allein für ihre Mitarbeiter verantwortlich und versuchten, bei den Amerikanern in Gefangenschaft zu kommen. In all dem Durcheinander wussten wir schließlich kein Datum mehr, auch nicht, ob wir Sonntag oder Werktag hatten, es war uns auch gleichgültig. Aber wir blieben beisammen.

Eine Bahnstrecke nach Klattau kann unseren Güterzug aufnehmen. Rasch zum Bahnhof, rein in die Güterwagen. Langsam fährt der Zug los. Ob wir bis Klattau durchkommen? Unterwegs immer wieder Halt, Fliegeralarm, dann weiter. Hinter Klattau wird unser Zug angegriffen und beschossen. Er hält in einem Waldgebiet. Als die Flugzeuge abdrehen, können wir raus und am Bahndamm entlang in den Wald fliehen, dort legen wir uns flach auf den Boden. Es dauert einige Zeit. Verstört laufen wir aus dem Wald zum Zug, als endlich das Pfeifsignal zur Weiterfahrt ertönt. Aber weit kommen wir nicht mehr, die Lok muss etwas abbekommen haben.

Nun hieß es zu Fuß weiterkommen. Wir marschierten einfach vorwärts in Richtung Grenze – wir waren fast am Großen Arber. Viel Wald um uns, eine kleine Straße, unsere Fahrer waren samt Gepäck vorangefahren ins nächste Dorf, es hieß Seewiesen. Das war eher ein kleiner Weiler mit Kirche und Friedhof, Schule und einem katholischen Pfarrhaus.

»Hier bleiben wir«, sagte Doktor Poth, »und hoffen, dass die Amerikaner schneller kommen als die Russen«. Die Gefangenschaft stand unmittelbar bevor. Aus unserem liegen gebliebenen Zug holten die Männer noch die Verpflegung heraus, auch unsere OP-Kisten und Verbandsmaterial, einfach alles, was wir noch brauchten. In der Schule richteten wir Schwestern uns ein Matratzenlager im oberen Klassenzimmer ein. Unten wohnten die Lehrer, Volksdeutsche. Auch der Pfarrer verhielt sich uns gegenüber freundlich. Bei ihm wohnten Doktor Poth und Feldwebel Bracht. Die Lazarettmannschaft war weiter oben im Ort untergebracht.

Der Flecken lag etwas höher als die Straße. So konnten wir gut beobachten, wer sich von beiden Seiten her näherte. Ringsum befand sich Wald. Viele Soldaten, die auf der Flucht waren, trafen wir dort oder hinter dem Friedhof, wenn wir Beeren sammelten oder Holz zum Kochen. Gegen Abend oder bei Tagesanbruch schickten wir sie weiter, denn nur in einem Bereich von 50 bis 60 Metern konnten sie auf die andere Straßenseite springen und dann versuchen, am Arber über die Grenze zu kommen.

Auch die Dorfbevölkerung schleuste Soldaten durch. Das hatte nichts mit Fahnenflucht zu tun, die Einheiten waren ohnehin versprengt. Unser Chefarzt wollte uns dem Risiko der Flucht nicht aussetzen und lieber mit dem gesamten Lazarett kapitulieren, so wäre der Schutz für jeden Einzelnen größer. Doch es sollte noch einige Tage dauern, bis es so weit war.

Mir ging es wieder besser. Jeden Tag war nun »Läusejagd« angesagt – gegenseitig bürsteten und kämmten wir uns die Haare, selber hätte man dies nicht sorgfältig genug tun können. Aber so wurde auch ich die Plagegeister wieder los.

Der Feind rückte näher. Vom Tal herauf kamen die Russen, noch drei Kilometer. In Bayerisch-Eisenstein waren bereits die Amerikaner, sechs Kilometer entfernt. Bis dorthin hatten wir ursprünglich mit dem Zug kommen wollen.

Abends gingen wir mit Trainingsanzug und Schuhen zu Bett, Posten waren aufgestellt. Nachts wurde nicht mehr geschossen, es herrschte Totenstille. Nach Tagesanbruch hörten wir wieder Geschütze aus Richtung Eisenstein, dort hatte ein Trupp Fähnriche von der SS Widerstand geleistet. Dabei gab es sechs Tote, die wir auf dem Friedhof beerdigten. Alle waren noch so jung, zwischen 18 und 20 Jahre alt.

Eine Flüchtlingsfrau mit drei Kindern und der Großmutter kam aus einem Nachbardorf und brachte ihren jüngsten Sohn zu uns mit der Bitte, ihn zu taufen. Es hatte sich herumgesprochen, dass ein evangelischer Pfarrer, Feldwebel Bracht, bei uns im Lazarett war. Die Frau hatte alle Papiere bei sich, auch die Geburtsurkunde des Kindes. Sie seien schon wochenlang auf der Flucht. Was auch immer unter den Russen geschehen werde, der Kleine sei dann wenigstens getauft. Der Chefarzt erlaubte die Taufe, ebenso der Geistliche am Ort. Jetzt fehlten noch zwei Taufpaten. Schwester Hede Vetter und ich übernahmen dieses Patenamt.

Unser Täufling hieß Markus Paneleit – sein Vater war im Krieg. Wir gaben der Mutter noch unsere Heimatadressen in der Hoffnung, vielleicht nach dem Krieg einmal etwas von ihr zu hören. Die Frauen wussten ja selbst nicht, wo sie einmal eine Bleibe finden würden. Dann verabschiedeten wir uns, Großmutter, Mutter und Kind gingen zurück ins Dorf. Sie haben alle überlebt; später erfuhren wir, dass sie in Schleswig-Holstein leben.

In Seewiesen hatte eine Frau ein goldenes Mutterkreuz in unsere OP-Kiste gelegt. Sie sagte: »Nehmt es mit nach Deutschland. Wenn es bei mir gefunden wird, erschießen sie mich. Meine Kinder brauchen mich.« Ich nahm graue Wolle und wickelte diese um das Kreuz herum. So brachte ich es heim.

Zwei Tage später fährt ein Kradmelder – so nennt man Soldaten, die mit dem Motorrad fahren und so genannte Vorausmelder eines Spähtrupps sind – vor die Schule: Oh Schreck, ein Russe. Erstaunen auf beiden Seiten, die Verständigung ist schlecht. Ein zweiter Kradmelder kommt von oben, ein Amerikaner. Er fährt ebenfalls hoch zur Schule: Die beiden starren sich gegenseitig an – von begeisterter Umarmung der beiden Alliierten kann keine Rede sein. Die Verständigung auf Englisch klappt besser. Beide fahren wieder weg. Es ist Mittag. Dann hören und sehen wir nichts mehr, den ganzen Tag. Aber wir haben den Eindruck, dass wir vom Waldrand aus beobachtet werden.

Am nächsten Morgen gehen wir Schwestern nochmals zu einem Kahlschlag, um Holz in unseren Schürzen zu sammeln – unsere Männer lassen wir nicht mehr hinaus. Da dringt Kanonendonner aus dem Wald, kommt immer näher. Wir füllen unsere Schürzen weiter mit Holz, aber im Wald knackt es so unheimlich, dass wir uns langsam ins Dorf zurückziehen. Da, am Waldrand taucht schon der erste Panzerspähwagen auf. Unten auf der Straße fahren langsam Jeeps heran. Schnell das Holz weg, rein ins Haus. Was wird jetzt geschehen?

Die Amerikaner bleiben unten an der Straße stehen und warten. Wir beraten kurz, wer zu ihnen hinunter soll. Doktor Poth, unser Chef, geht ganz langsam den Weg hinab, er will das Lazarettpersonal übergeben. Patienten hatten wir ja nicht mehr. Zuerst nehmen sie ihm die Pistole ab, dann muss er wieder zurück zu uns und sämtliche Waffen und Pistolen herunterbringen – viele hatten ihre Waffen aber bereits im Wald vergraben. Erst danach kam ein Offizier mit zum Schulhaus und fragte, wie viele Personen wir seien, Ärzte, Schwestern, Sanitäter, Fahrer; auch Fahrzeuge.

»Wie lange können Sie sich hier noch verpflegen?«

»O. k., dann bleiben Sie hier unter unserem Schutz.«

So waren wir ab 8. oder 9. Mai 1945 Gefangene der Amerikaner. Der Stoßtrupp zog weiter, den Russen entgegen. Sie lagen im nächsten Dorf, etwa drei Kilometer entfernt. Unser Wunsch, in amerikanische Gefangenschaft zu kommen, hatte sich erfüllt.

In amerikanischer Gefangenschaft

Ob unseren Ärzten, die im Offiziersrang standen, die Achselklappen abgenommen wurden? Ich denke schon, denn sie waren ja Kriegsgefangene und sollten eine Demütigung erfahren. Trotzdem konnten wir uns fast frei bewegen. Einmal fuhren wir sogar zum Arbersee – unter Bewachung der Amerikaner –, um dort Beeren zu pflücken. Dennoch waren die Auflagen streng: Niemand durfte versuchen zu fliehen, sonst würden wir alle erschossen. Das riskierte keiner von uns, alle kehrten wieder zurück. Auch kannten wir den Böhmerwald nicht und wussten nicht genau, wo die Grenze verlief. Zu leicht wären wir, ohne Kompass, den Russen in die Arme gelaufen.

Nach etwa zwei Wochen wurden wir in ein Erholungsheim mitten im Wald verlegt. Wir konnten nur den Giebel eines Forsthauses über den Wipfeln sehen. Wir fühlten uns nicht sicher, auch Doktor Poth fragte sich, wie es weitergehen würde.

Wir Schwestern versuchten, uns mit Stricken die Zeit zu vertreiben – dazu trennten wir einen Strohsack auf und zogen die Baumwollfäden heraus, aus denen wir weiße Söckchen anfertigten. Stricknadeln stellte ich aus Messingdrähten her, die ich zusammen mit einer Eisensäge im Untergeschoss in einem Werkraum gefunden hatte. Ein Drahtstück ergab jeweils drei Nadeln. Schwieriger war es, die Spitzen zuzuschleifen. Doch auch das ist uns gelungen. Auf einer Treppe wurden die Drähte am Stein geschliffen, bis sie ganz heiß und schließlich spitz wurden. Manche Fingerkuppe brauchte danach ein Pflaster.

Eines Morgens herrscht große Aufregung. Männer fangen im Garten an zu graben. Wir müssen alle Fenster verdunkeln und auf dem Gang stehen, unter Bewachung. Was ist geschehen? Keine Antwort. Alles Tschechen. Hasserfüllte Blicke. Es dauert Stunden, bis sie abziehen. Dann stellt sich heraus, dass im Garten Fahnen eingegraben waren, nicht jedoch von uns. Wir dürfen wieder in die Zimmer, aber wir haben Angst, dass die Tschechen Vergeltungsaktionen starten.

Bis 27. Juni 1945 bestand unser Lazarett, dann lösten es die Amerikaner auf. Mannschaft und Schwestern wurden ins Gefangenenlager nach Pilsen gebracht, also zurück nach Tschechien. Das war enttäuschend, denn direkt vor uns lag Bayrisch-Eisenstein. Wir erfuhren von der Verlegung gegen Abend. Schon am nächsten Morgen sollte es losgehen. Schnell wurden noch Adressen ausgetauscht, viele kamen aus Thüringen und Sachsen. Alle wollten in den Westen und dort erst einmal abwarten, wie es weitergeht; viele weinten. Unser treuer Begleiter Feldwebel Wilhelm Bracht reiste auch mit dem Transport. Eine kleine Gruppe musste zurückbleiben, als OP-Team für das Reserve-Lazarett Spitzberg im »Hotel Rixi« im Böhmerwald: Doktor Röse, Schwester Liselotte und ich.

Zusammen mit zwei Unterärzten versorgten wir die Verwundeten, die aber bald verlegt wurden. Das Haus leerte sich. Das Rixi war ein großes Sporthotel im Arbergebiet; wir wohnten alle auf einem Stockwerk. Gekocht haben wir im Bad auf einer Heizplatte, Doktor Röse rasierte sich nebenher, der Verbandsraum lag gleich daneben – aber das störte keinen. Es gab Bohnengemüse und Spätzle.

Die beiden Unterärzte gehörten nicht zu uns, schlossen sich uns aber schnell an, weil sich ihre Kompanie aufgelöst hatte. Sie befanden sich auf der Flucht. Wir hatten sie erschöpft unterhalb des Hotels angetroffen, mit zu uns ins Haus genommen und versteckt. Wir gaben ihnen zu essen und zu trinken und flickten ihre kaputten Jacken und Hosen. Täglich rückten wir im ersten Stock enger zusammen. Doktor Röse und die Unterärzte wachten zeitweise abwechselnd nachts vor unserem Stockwerk, denn die Hotelangestellten – oder andere – räumten im Erdgeschoss alles aus, überall standen Türen offen.

Eines Abends nähen wir den Unterärzten Knöpfe an die Uniformen und stopfen Dreiangeln an der Hose von Unterarzt Rorssen. Die beiden liegen derweil in unseren Betten, sie haben ja sonst nichts anzuziehen. Da plötzlich – Lärm im Flur, Durchsuchung. Schon hämmert es an die Tür.

»Aufmachen! Sofort!«

»Was ist los?«, fragen wir.

»Aufmachen, sonst brechen wir die Tür auf!«

Nun wird es wirklich brenzlig.

»Wir müssen erst noch was anziehen«, rufen wir und nutzen die Zeit, um die beiden schnell auf dem Balkon hinter Matratzen zu verstecken. Wir öffnen, draußen stehen Bewaffnete – sie starren uns an, einer kommt herein, schaut sich um und verschwindet wieder. Der Spuk ist vorbei. Doktor Röse kommt gleich zu uns herüber.

»Ist etwas passiert?«

»Nein.«

»Wo sind die zwei Unterärzte? Die haben sie gesucht.«

»Hier war keiner«.

Bei dieser Lüge fühlten wir uns nicht sehr wohl, aber wir konnten nicht anders, wollten wir den beiden doch helfen. Wir hielten die zwei versteckt, bis Ruhe ins Haus einzog. Dann verschwanden sie über den Balkon. Ob sie nach Hause gekommen sind? Sie stammten aus dem Rheinland.

Wahrscheinlich hatten die Besatzer die beiden gesucht, weil man beobachtet hatte, wie wir am Nachmittag unterhalb des Hotels mit den Unterärzten in der Sonne gesessen hatten. Eine junge Frau war vorbeigegangen, die ein wenig lächelte. Ob sie gemeldet hatte, dass sich noch deutsche Soldaten im Gelände aufhielten?

Auch unser »Hotelaufenthalt« ging zu Ende. Am 12. Juli 1945 brachten uns die Amerikaner nach Pilsen in die Nordkaserne. Jetzt waren auch wir richtige Gefangene. Die Kaserne lag mitten in der Stadt. Ein großes Tor wurde geöffnet und der Wagen fuhr in einen riesigen Hof. Dieser war rings umgeben von Gebäuden mit vielen Fenstern. Tor zu – es gab kein Entrinnen mehr. Die Ärzte wurden in den ersten Bau eingewiesen, Liselotte und ich einige Schritte weiter. Langer Flur, alles still. »So, hier kommen Sie unter.«

Welche Überraschung, als wir die Türen öffnen: Trafen wir doch einige unserer Schwestern wieder, die wir vor 14 Tagen aus den Augen verloren hatten. So lange saßen sie schon hier und warteten auf den Abtransport. Einige von ihnen wurden herausgeholt und in den Lazaretten in Pilsen zur Arbeit eingesetzt, sie hatten es besser getroffen. Wir wurden gleich ausführlich über die Regeln in der Kaserne informiert: Nicht ans Fenster gehen, Rausschauen verboten, nachts kein Licht machen, sonst fliegen Steine. Zweimal täglich Hofgang, hintereinander gehen. Beim Essenfassen im Hof Schlange stehen, ein Kommissbrot musste für 12 bis 15 Personen reichen. Keiner wollte die undankbare Aufgabe übernehmen, das Brot zu teilen, wir hatten dazu auch keine richtigen Messer. Wir einigten uns darauf, dass jeden Tag eine andere Schwester das klebrige Brot schneiden sollte.

Die Nächte auf den verwanzten Pritschen waren fürchterlich. Ich schlief auf einer Bank neben dem Bett, dann hatte ich Ruhe. Am Tag waren die Wanzen nicht aktiv. Vor allem Schwestern mit hellen Haaren gehörten zu den nächtlichen Opfern, Dunkelhaarige hatten weniger darunter zu leiden.

Morgens um 6 Uhr begannen die Hofgänge: Erste Gruppe Waffen-SS, meist junge Burschen und ältere volksdeutsche Männer. Sie waren direkt unter dem Dach auf blankem Boden untergebracht, wo es tagsüber unter den Ziegeln sehr heiß war. Danach kamen einfache Soldaten, entweder hintereinander oder in langen Reihen nebeneinander, mit großen Abständen dazwischen. Offiziere gab es nicht viele, deshalb durften wir Schwestern mitgehen. Doktor Röse und wir beide – Liselotte und ich – drehten unseren Kreis gemeinsam nebeneinander, keiner der Wachposten wusste, dass wir zusammengehörten. So konnten wir vorsichtig miteinander reden. Der halbstündige Rundgang im Hof bot uns dreien die einzige Abwechslung.

Täglich wurden Gefangene hinaus auf das große Wiesenlager gebracht, zum Sammellager. Von dort aus fuhren Lastwagen über Nürnberg in alle Himmelsrichtungen. Man erhielt einen so genannten Entlassungsschein mit Stempel. Zuvor mussten Schwestern wie Soldaten mit nacktem Oberkörper an den Amis vorbeigehen und ihre Verwendungsbücher unter einen Tisch werfen. Dann folgte der Befehl »Arme hoch«. Sie suchten das Blutgruppenzeichen am linken Oberarm, das meist bei Angehörigen der SS angebracht war. Das war eine unwürdige Behandlung für uns alle.

Wir Schwestern wurden in die Kaserne zum Kartoffelschälen beordert – wenn die Lagerverwaltung welche bekommen konnte, denn das war nicht einfach bei den Tschechen. Die Kartoffeln wurden von den Lastwagen in den Hof vor die Küche gekippt, oft mehrere Zentner, dann machten wir uns ans Schälen.

Wer in der Küche bloß kochte? Die Suppe schmeckte immer gleich – nach Kapuster, also Kohl, verkochten Kartoffeln und einigen Dosen Büchsenfleisch. Wohl dem, der einen Brocken davon erwischte, denn meist erhielt man nur Brühe. Doch wenigstens bekamen wir so eine warme Mahlzeit am Tag. Viel Abwechslung gab es nicht. Wenn der Lastwagen Brot brachte, hatten die Männer es abzuladen und abzuholen. Wehe, wenn auch nur einer versucht hätte, ein Brot zurückzuhalten – das hätte tödlich enden können.

Einmal durften wir mit den Amis hinaus in ein Lager unter freiem Himmel, es lag unterhalb der Sprungschanze in Bayrisch-Eisenstein. Der Auftakt war beklemmend: Wir mussten über das Hinterrad eines riesigen Lkw auf dessen Ladefläche steigen.

»Erschießt uns doch hier, dann können unsere Soldaten wenigstens noch ein Gebet sprechen«, sagte ich.

Der verantwortliche Deutsch-Amerikaner erschrak:

»Wir erschießen doch keine Schwestern!«

Das Auslauffeld der Sprungschanze war grau vor Kriegsgefangenen. In dem Lager gab es offenbar zahllose Selbstmorde. Damit sich die Stimmung besserte, hatten wir zusammen mit den Soldaten Lieder zu singen. Doch was sollten wir singen? Liselotte konnte nicht singen, Gerda und Hilde kannten keine Lieder. So wagte ich es und sang Lieder von meiner Mutter, die mir in den Sinn kamen: »Nach der Heimat möcht' ich wieder«, »Wo's Dörflein traut zu Ende geht« – dann wünschte ich allen einen guten Nachhauseweg. Am Schanzentisch rechts und links von mir standen Soldaten mit Gewehr bei Fuß.

Eines Morgens beim Hofgang sahen wir gefangene deutsche Soldaten, die ein Loch im Hof graben mussten. Was sollte das werden? Einige von ihnen mussten in das Loch hinuntersteigen. Dann wurde wieder Erde in das Loch geschaufelt, bis die Männer bis zum Hals eingegraben waren. Wofür sie diese Strafe erhielten, erfuhren wir nie. Wann – und ob überhaupt – sie wieder ausgegraben wurden, bekamen wir auch nicht zu hören. Wir sahen sie nicht mehr. Viele der Amerikaner sprachen deutsch. Oft waren ihre Eltern ausgewanderte Juden und nun rächte sich mancher.

Eines Tages bekamen wir Zuwachs. Zwölf Klosterfrauen mit großen Hauben wurden neben uns einquartiert. Wo haben die Amis bloß diese Frauen gefunden? Sie machten einen sehr verstörten Eindruck. Ich sah sie nur dieses eine Mal.

Ständig wurden Leute hinausgefahren zum Wiesenlager. Die Situation um die Kaserne spitzte sich zu, von außen kamen Bombendrohungen. – Wann kommen wir endlich hier raus? Wieder gab es neue Gerüchte und Meldungen. Unsere Schwestern, die in den Lazaretten der Stadt arbeiteten, seien auf das Wiesenlager gebracht worden, aber dort sei alles überfüllt.

Gegen Ende unserer Zeit in der Kaserne fand nochmals ein Strafappell statt. Etwa zehn bis zwölf Soldaten mussten stundenlang vor einer Wand wegen eines Verstoßes im Lager strammstehen. Der Täter sollte sich freiwillig melden und hervortreten, doch keiner rührte sich. Alte und ganz junge Männer waren darunter. Wir wurden gezwungen, vom Hof aus zuzusehen. Der Schweiß stand den Soldaten bald auf der Stirn, keiner bewegte sich, die Jungen fielen beinahe um. Mit einem Mal trat ein älterer Mann aus dem Glied und sagte: »Ich opfere mich, damit diese Quälerei aufhört«. Das wiederum konnten oder wollten die Amerikaner nicht annehmen: Sie berieten sich kurz, dann kam der Befehl, wegzutreten. Ob man den Gefangenen die Essensrationen gestrichen hatte oder ob sie auf das Wiesenlager gebracht wurden, erfuhren wir nicht.

Wir waren ungefähr 14 Tage in der Nordkaserne. Dann hieß es plötzlich: Alle kommen raus ins Wiesenlager zum Abtransport. Mit großen Lkws fuhren uns die Amis stehend und dicht gedrängt dorthin, samt Gepäck. Vor dem Lager wurden wir abgesetzt. Die Menschenmengen waren unübersehbar, alle in Feldgrau gekleidet. Nun fing das große Warten an und wir fragten uns bang: Wie läuft das hier ab? Wir saßen an einem kleinen Wassergraben und hörten uns erst einmal die Berichte von Gefangenen an, die schon länger in dem Lager waren. Viele hatten bereits mehrere Tage und Nächte hier verbracht. Vor allem die Menschen aus den nun russisch besetzten Gebieten fürchteten, wieder in ihre einstige Heimat entlassen zu werden. Kaum einer wollte dorthin.

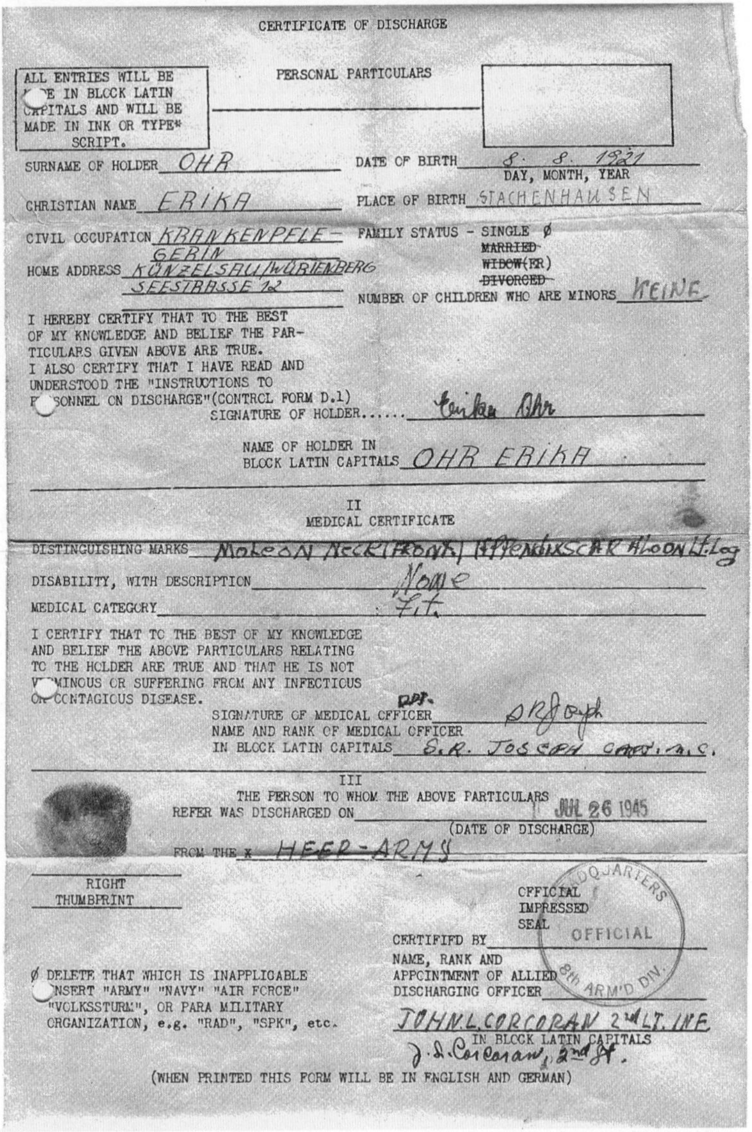

CERTIFICATE OF DISCHARGE

ALL ENTRIES WILL BE MADE IN BLOCK LATIN CAPITALS AND WILL BE MADE IN INK OR TYPE* SCRIPT.

PERSONAL PARTICULARS

SURNAME OF HOLDER OHR

DATE OF BIRTH 8. 8. 1921
DAY, MONTH, YEAR

CHRISTIAN NAME ERIKA

PLACE OF BIRTH STACHENHAUSEN

CIVIL OCCUPATION KRANKENPFLE-GERIN

FAMILY STATUS - SINGLE ø
~~MARRIED~~
~~WIDOW~~(ER)
~~DIVORCED~~

HOME ADDRESS KÜNZELSAU/WÜRTENBERG SEESTRASSE 12

NUMBER OF CHILDREN WHO ARE MINORS KEINE

I HEREBY CERTIFY THAT TO THE BEST OF MY KNOWLEDGE AND BELIEF THE PARTICULARS GIVEN ABOVE ARE TRUE.
I ALSO CERTIFY THAT I HAVE READ AND UNDERSTOOD THE "INSTRUCTIONS TO PERSONNEL ON DISCHARGE" (CONTROL FORM D.1)

SIGNATURE OF HOLDER...... Erika Ohr

NAME OF HOLDER IN BLOCK LATIN CAPITALS OHR ERIKA

II
MEDICAL CERTIFICATE

DISTINGUISHING MARKS Moleon Neck (Front) Appendix Scar ...

DISABILITY, WITH DESCRIPTION None

MEDICAL CATEGORY Fit.

I CERTIFY THAT TO THE BEST OF MY KNOWLEDGE AND BELIEF THE ABOVE PARTICULARS RELATING TO THE HOLDER ARE TRUE AND THAT HE IS NOT VERMINOUS OR SUFFERING FROM ANY INFECTIOUS OR CONTAGIOUS DISEASE.

SIGNATURE OF MEDICAL OFFICER S R Joseph

NAME AND RANK OF MEDICAL OFFICER IN BLOCK LATIN CAPITALS S.R. JOSEPH CAPT. M.C.

III
THE PERSON TO WHOM THE ABOVE PARTICULARS REFER WAS DISCHARGED ON JUL 26 1945
(DATE OF DISCHARGE)

FROM THE x HEER-ARMY

RIGHT THUMBPRINT

OFFICIAL IMPRESSED SEAL

HEADQUARTERS OFFICIAL 8th ARM'D DIV.

CERTIFIED BY

NAME, RANK AND APPOINTMENT OF ALLIED DISCHARGING OFFICER JOHN L. CORCORAN 2nd LT. INF.
IN BLOCK LATIN CAPITALS
J. L. Corcoran, 2nd Lt.

ø DELETE THAT WHICH IS INAPPLICABLE
x INSERT "ARMY" "NAVY" "AIR FORCE" "VOLKSSTURM", OR PARA MILITARY ORGANIZATION, e.g. "RAD", "SPK", etc.

(WHEN PRINTED THIS FORM WILL BE IN ENGLISH AND GERMAN)

Der ersehnte Entlassungsschein aus amerikanischer Kriegsgefangenenschaft, ausgestellt am 26. Juli 1945. Ich darf nach Hause!

Deshalb kamen zuerst die Aufrufe für die westlichen Besatzungszonen, darunter auch Ulm, Stuttgart, Crailsheim, Bad Mergentheim. Auf einem Lkw fuhren Liselotte und ich zurück Richtung Heimat; ein schwarzer Amerikaner war unser Fahrer. Umfallen konnten wir auf dem Laster nicht – so eng waren wir zusammengepfercht mit unserem Gepäck. Eine Schwester kam noch dazu, sie stammte aus der Nähe von Künzelsau, doch wir kannten uns nicht.

Von Doktor Röse hatten wir uns schon verabschiedet. Er wollte versuchen, in Richtung Kassel und Hannover zu gelangen. Dort hoffte er, bei Verwandten unterzukommen. Er stammte aus Magdeburg, aber das lag jetzt in der russischen Zone. Mit uns fuhren ebenfalls viele Soldaten, die erst einmal bei Verwandten Unterschlupf suchten oder hofften, weitere Angehörige in der amerikanisch besetzten Zone zu treffen.

Das wichtigste Schriftstück war nun der Entlassungsschein mit Daumenabdruck und gestempeltem Datum: 26.7.45 / 8th ARM.D. DIV. Pilsen.

Rückkehr nach Hause

Nun begann eine abenteuerliche Fahrt durch Tschechien in Richtung Nürnberg. Einfach war das Durchkommen nicht, denn lauter Militärfahrzeuge verstopften die Straßen. Wir hatten einen rasanten schwarzen Fahrer, der in drei Tagen wieder im Lager zurück sein musste. Doch schon am Grenzübergang wurden wir gestoppt. Nürnberg sei vollkommen überfüllt, es gäbe einen Rückstau bis ins Grenzgebiet. Kein Wagen durfte mehr über die Grenze gelassen werden.

Was nun? Wir wollten doch nur eines: Hinter den Schlagbaum! Der Fahrer verhandelte.

Vom Lastwagen aus sahen wir ein Feld mit aufgestellten Garben. Dort wollten wir über Nacht bleiben. Nach langem Hin und Her ließen uns die Grenzer schließlich durch bis zum Kornfeld. Der Fahrer hielt an, wir stiegen ab und bauten aus den Garben eine kleine Burg, denn es wurde schnell dunkel. Dies war unsere erste Nacht – unter freiem Himmel zwar, aber zurück in Deutschland. Der Fahrer und einige Soldaten lagerten links und rechts von uns drei Schwestern, um uns die Angst zu nehmen. Wir fürchteten uns vor den Tschechen, denn die Grenze lag sehr nahe. Am nächsten Morgen waren wir taufrisch – wörtlich genommen! Sämtliche Garben haben wir wieder ordentlich aufgestellt, wir hatten ja Zeit: Vor 9 Uhr durfte kein Lastwagen nach Nürnberg hinein oder auch nur durchfahren.

Als es endlich so weit ist, legt unser Fahrer einen Zahn zu. Durch die Stadt geht es zwar langsam, aber die Kurven danach nimmt der Kerl so schnell, dass in einem Dorf ein Gepäckstück herunterfällt. Ohne Halt geht es weiter. Die Ersten steigen in Ansbach ab. Wenn jemand vom Wagen herunter will, wird dreimal gegen das Fahrerhaus geklopft. Das heißt Stopp. Absteigen, kurzes Winken, weiter. In Crailsheim wieder ein Halt, hier heißt es umsteigen Richtung Ulm. Der Wagen leert sich. Auch Liselotte verlässt uns und versucht, nach Blaubeuren weiterzukommen. Letzte Umarmung, schon sind wir weg.

Von nun an kenne ich jedes Dorf. Ich reiße einen Fetzen Papier raus, schreibe ein paar Worte drauf: »Pfarrhaus Ruppertshofen, bin im Lande, Erika.« Ein kleiner grüner Spielwürfel aus meinem Brotbeutel, den ich den ganzen Krieg über mit mir führte, wird damit umwickelt.

Ortsschild Ilshofen, Leute arbeiten nahe der Straße auf dem Feld. Sie winken uns zu. Wir rufen und winken, dann werfe ich meine »Luftpost« raus, ein Mann läuft zur Straße, bückt sich. Wir sind schon wieder weit weg. Ob meine Nachricht im Pfarrhaus ankommt? Wie ich später erfuhr, ist sie tatsächlich eingetroffen. Noch am gleichen Abend war der Mann die drei Kilometer zum Dorf gelaufen und hatte sich zum Pfarrhaus durchgefragt. Dort hatte er von diesem kurzen Augenblick erzählt – und so wussten die Ruppertshofer noch vor meiner Mutter, dass ich wieder daheim war. Wie ein Lauffeuer ging es durchs Dorf: »Die Pfarr's Erika ist vom Kriegseinsatz zurück!« Ich hatte ja dreieinhalb Jahre dort gelebt, mich kannten alle als Pfarrköchin.

Kurz darauf sind wir in Schwäbisch Hall, hier steigen fast alle Übrigen ab. Nur noch wir zwei Schwestern und ein Soldat bleiben auf dem Laster. »Wo deine Mama?«, fragt mich der Fahrer. »In Künzelsau, eine halbe Stunde von hier.« »Ich bring dich hin.« Und ab geht es nach Künzelsau. Mitten in der Stadt hält er an. Wir Schwestern bedanken uns bei ihm. In der Stadt konnte er im »Hotel Rappen« in der Offiziersmesse noch etwas essen, dann wollte er sofort wieder los und die ganze Nacht nach Pilsen zurückfahren.

In einem Schuhgeschäft stellten wir unser Gepäck ein. Der Soldat versuchte, nach der Kocherbrücke in Richtung Bad Mergentheim weiterzukommen. Zusammen mit der anderen Schwester lief ich zu meinem Elternhaus. Davor stand zwar noch der große Kastanienbaum, aber auf der Veranda über dem alten Schafstall sah ich lauter fremde Menschen. Wo waren meine Mutter und meine Schwester?

Ich ging die Treppe hoch und sagte »Grüß Gott«. Frau Metzger kam heraus, eine Nachbarin von weiter draußen und begrüßte mich voller Freude, alle hätten sich sehr um mich gesorgt. Leider sei meine Mutter gerade auf dem Eschenhof bei unseren Verwandten, um dort bei der Ernte zu helfen. Ich solle doch ins Haus kommen. Dort erfuhr ich, dass die Amerikaner viele Bewohner aus ihren Häusern vertrieben hatten. Drei Familien wohnten bei uns, andere kochten nur hier. Mutter war zuvor mit Frida sowie Heinz und Inge aus Berlin, zwei der vier Kinder ihres ausgebombten Bruders Heinrich Ehrenfried, hinausgeworfen worden. Sie wohnten jetzt in der Nachbarschaft. Das war kein schönes Heimkommen.

Die Schwester, die noch immer bei mir war, stammte aus dem nur wenige Kilometer entfernten Niedernhall. Mit dem Handwagen holten wir unser Gepäck zu uns in die Seestraße 12. Dann versuchte sie, per Anhalter nach Hause zu gelangen. Zwei Tage später kam ihr Vater mit dem Kuhfuhrwerk und holte ihren Koffer ab.

Durch die vielen Menschen, die nun in unserem Haus wohnten – neben Familie Metzger auch die Familien Erhard und Weipert – herrschte große Unruhe. Das Herdfeuer brannte den ganzen Tag, weil wir nur in Etappen kochen und essen konnten. In unserem Schlafzimmer standen vier Betten. Die Türen gingen nur so weit auf, dass man gerade noch durchschlüpfen konnte. Familie Metzger wohnte mit vier Personen im äußeren Zimmer rechts neben dem Eingang; Frau Erhard, eine Verwandte von Metzgers, wohnte oben; eine Verwandte von Erhards, auch aus Karlsruhe und ausgebombt, kochte bei uns, konnte aber mit ihren zwei Söhnen woanders schlafen. Auch das Haus von Tante Marie Ohr nebenan war mit Flüchtlingen belegt. Die Stadt war voller Amerikaner, fast alles Schwarze. An diese neuen Bedingungen und die Probleme, die die Besatzungstruppen mit sich brachten, musste ich mich erst gewöhnen. Mutter fehlte mir sehr.

Auf dem Lkw hatte ich mir eine Erkältung zugezogen. Gleich am ersten Tag zu Hause konnte ich nicht aufstehen. Ich hatte Ischias und war kaum zu einer Bewegung fähig. Fremde Leute mussten mich versorgen, bis Mutter nach einigen Tagen vom Eschenhof heimkam. Sie brachte Heinz und Inge mit. Die beiden waren groß geworden. Am 8. August 1945 konnten wir unter beengten Verhältnissen meinen 24. Geburtstag miteinander feiern.

Als Erste konnte Frau Weipert zurück in ihr Haus, sie nahm auch Erhards mit. Die Situation entspannte sich, nun waren es gleich sechs Personen weniger. Familie Metzger musste noch einige Zeit warten, bis die Amerikaner ihr Haus räumten. Ab Anfang September waren wir dann wieder unter uns.

Bald musste ich herausfinden, wie ich nach Stuttgart fahren konnte, um mich im Mutterhaus zurückzumelden. Eine Bahnverbindung gab es noch nicht. Zufällig erfuhr ich, dass die Firma Fuchs-Kohlenhandlung einen Lastwagen flott gemacht hatte und einmal wöchentlich nach Stuttgart und Heilbronn fuhr. Für diese Fahrt konnte man sich anmelden. Sechs bis acht Personen nahm der Fahrer gegen Entgelt auf dem Holzvergaser-Lastwagen mit. So hockte ich nach einigen Tagen mit auf einer wackeligen Bank, ohne Plane über dem Kopf – aber wir fuhren Richtung Stuttgart. Immer wieder mussten wir zwischendurch im Kessel stochern oder Holz nachlegen, besser gesagt nachschütten: Wie das dampfte und qualmte, wenn der Deckel geöffnet wurde! Nach mehreren Stunden kamen wir schließlich in Stuttgart an.

Die Innenstadt war fast vollkommen zerstört, das Mutterhaus ausgebrannt und verlagert in die Heidehofstraße, die oben am Berg lag. Das Haus war völlig überbelegt, viele Schwestern aus fremden Mutterhäusern waren aufgenommen und in Lazaretten und Krankenhäusern eingesetzt worden. Außerdem kehrten jetzt noch die eigenen Schwestern zurück, die bisher in Gefangenschaft im Osten gewesen waren. Das Mutterhaus war viel zu voll.

Deshalb fragte man uns: »Wer kann noch einige Zeit daheim bleiben? Aber nur einige Zeit – wir brauchen euch alle wieder!« Denn alte Schwestern konnten jetzt endlich aufhören zu arbeiten, viele heirateten nach dem Krieg und auch die norddeutschen Schwestern kehrten bald zu ihren eigenen Mutterhäusern zurück.

Zeitgleich lief die Entnazifizierung der Schwestern. Während des Krieges war das Mutterhaus gezwungen, uns alle in der nationalsozialistischen Gruppe für junge Frauen, »Glaube und Schönheit«, anzumelden. Gefragt wurden wir damals nicht. Das wurde uns jetzt nebenbei mitgeteilt. Papiere hatten wir nie gesehen. Das war gut für uns, jetzt! Denn nun gab es keine belastenden Dokumente. Wem aber eine Partei-Mitgliedschaft nachzuweisen war, der verlor seine Stelle.

Für Schwester Rösle Karle aus Weldingsfelden und mich ging es wieder zurück nach Hause, auf Abruf. Während meiner Freistellung erhielt ich kein Gehalt. Meine Mutter bekam kaum Witwenrente und als selbstständige Schäfer und Landwirte hatten meine Eltern fast nichts in die Rentenkasse einbezahlt, dafür hatte ihr Verdienst nicht gereicht. Aber irgendwie würde es schon gehen.

Die Rückfahrt wurde wieder abenteuerlich. Zunächst kamen wir bis Ludwigsburg. Dann standen wir lange Zeit an der Straße, ohne dass sich etwas Fahrbares zeigte. Endlich tauchte ein Schlepper mit einem Langholzwagen auf. Er hielt.

»Schwestern, wo wollt ihr hin?«

»In Richtung Heilbronn.«

»Ich fahre nach Besigheim, so weit könnt ihr mit.«

Wir beide schauten uns kurz an – nichts wir rauf auf das Holz mit unseren beiden Koffern. So zuckelten wir langsam, aber stetig vorwärts, über Dörfer und Höhen nach Besigheim. An einer Abzweigung ließ uns der Mann herunter. Wir bedankten uns und hofften, dass wieder jemand käme und uns mitnehmen würde. Aber Autofahrer gab es kaum mehr. So ging es auf Schusters Rappen weiter in Richtung Heilbronn. Dann nahm uns ein Milchwagen ein Stück mit. Dieser fuhr bis Brackenheim, das lag aber zu weit westlich und so mussten wir schnell wieder absteigen. Unsere Füße wollten bald nicht mehr weiter und die Koffer hätten wir vor Erschöpfung am liebsten weggeworfen.

Wir setzten uns an den Straßenrand, zogen Schuhe und Strümpfe aus und hängten unsere Füße in den Graben, der etwas Wasser führte. Doch lange konnten wir so nicht verweilen und uns erholen, wir mussten ja weiter. Auf der Strecke Heilbronn-Öhringen fuhr kein einziges Fahrzeug. Auch auf den Feldern sahen wir keinen Bauern, mit dem wir ein Stück hätten fahren können. Nicht mal ein Wagen der Amerikaner zeigte sich, selbst den hätten wir angehalten.

Langsam fing es an zu dämmern. Wir mussten bald von der Straße, denn nach Einbruch der Dunkelheit herrschte überall Ausgangssperre. Schwester Rösle war bereits sehr ängstlich. Im nächsten Ort wollten wir Bauersleute fragen, ob wir nicht in der Scheune oder im Stall übernachten dürften. Endlich, zwischen Öhringen und Neuenstein, sahen wir ein Dorf. Wir gingen zum ersten Bauernhaus, ein großer Hof. Ein älteres Ehepaar war gerade mit den Stallarbeiten fertig. Wir fassten Mut und fragten sie nach einer Übernachtung. Ob sie uns glaubten, wussten wir nicht gleich. »Ja, wir hatten schon öfter Soldaten und Flüchtlinge«, sagten sie. »Aber noch keine Schwestern«, meinte ich. »Das stimmt«, erwiderte der Mann. Die Frau versorgte inzwischen die Milch. Wir erzählten dem Bauern, wo wir herkamen und wo wir heute hinwollten, nämlich nach Hause, nach Künzelsau. Da sagte er zu seiner Frau: »Mudder, die zwa solle heut Nacht do bleiwe. Nach Künzelse und Wetzfelde brauche se nochmol ein ganze Dooch, wenn ka Audo kummt, wo's mitnimmt.«

Nun durften wir mit ins Haus. Wenige Minuten später saßen wir mit dem Ehepaar am Tisch beim Abendessen. Es gab herrliches Bauernbrot und einen guten Most dazu, sicher auch Butter und Wurst. Die Frau brachte uns nach langem Erzählen in ein Zimmer mit zwei Betten, schneeweiß bezogen. Wir wollten sie nicht in Anspruch nehmen und sagten, uns genüge die Bank in der Küche, wenn wir nur im Trockenen wären. »Nein«, meinte die Frau bestimmt, »unsere Buben fehlen auch noch, vielleicht nimmt auch sie jemand auf, wenn sie auf dem Heimweg sind.« So waren wir geborgen für diese Nacht. Am anderen Morgen fragten wir, ob in der Nacht Amerikaner vorbeigefahren seien. »Ja, die fahren meist bei Nacht von Heilbronn nach Kupferzell, dort ist ein Camp.« Nach einem guten Milchkaffee mit Weißbrot und Marmelade bedankten wir uns für die Gastfreundschaft und verabschiedeten uns.

Wieder auf der Straße, gingen wir nun Waldenburg entgegen. Das Schloss konnten wir bald auf der Höhe sehen, hinauf wollten wir aber nicht. Die Strecke zog sich endlos hin. Kein Auto kam – Benzingutscheine waren ja rar. Wir machten gerade wieder Rast, in der Nähe von Hohebuch oder Grünbühl, da hörten wir plötzlich ein Motorengeräusch. Woher kam das? Aus Neuenstein, das Fahrzeug nähme dann ja unsere Richtung. Wir zogen schnell unsere Schuhe an und sprangen auf die Straße. Wirklich: ein Auto! Daumen raus, gewunken, der Mann hielt: »Wo möchten Sie denn hin?« »Nach Künzelsau, bitte nehmen Sie uns doch ein Stück mit.« Ja, wir sollten einsteigen, er müsse nach Mergentheim zu einer Firma fahren und sei das erste Mal auf dieser Strecke unterwegs. Da hätte er zwei große Steine von unseren Herzen plumpsen hören können. In Künzelsau stieg ich aus, gab dem Mann zwei Fleischmarken – mehr hatte ich nicht – und bedankte mich herzlich. Schwester Rösle konnte noch bis Stachenhausen mitfahren, von dort hatte sie nur noch einen Kilometer zu gehen, dann war auch sie zu Hause.

Wenn wir uns später trafen und über diese Heimreise unterhielten, sagte Rösle immer: »Den hat uns der Himmel geschickt.« Das war »unsere Story«: von Künzelsau nach Stuttgart und wieder zurück im September 1945. Kein Roman – alles selbst erlebt auf Deutschlands Nachkriegsstraßen.

Im Oktober 1945 rief mich das Mutterhaus nach Stuttgart-Bad Cannstatt ins Berg-Lazarett, das früher ein Krankenhaus war. Dort hatten die Amerikaner immer mehr Schwestern wegen ihrer Parteizugehörigkeit entlassen. Auch in den Krankenhäusern wurde entnazifiziert. Von einer Stunde auf die andere mussten Schwestern die Station verlassen. Das war für viele oft schlimm, denn sie konnten oder wollten nicht nach Hause, da dies inzwischen in der russischen Besatzungszone lag. Ich sollte eine Schwester aus Halle ablösen, eine erfahrene Pflegekraft. Nichts half, ich sprach mit der zuständigen Amerikanerin. »Nein, die muss sofort von der Station weg, Schluss!« Die Schwester weinte, auch die Patienten konnten das nicht verstehen. Auf Station und am Krankenbett wurde nie über Politik gesprochen, jeder hatte genug davon und wollte in Ruhe arbeiten. Ich übernahm eine große Station mit Verwundeten. Aber es wurden immer weniger, und wir wandelten uns vom Lazarett zum Unfall- und Versorgungskrankenhaus. Jetzt kamen auch Zivilisten auf Station, anfangs nur Männer, später auch Frauen. Außerdem wurde ein Infektionsbau belegt.

Zu dieser Zeit blühte das Tauschgeschäft. Ich tauschte für einige Flaschen Zwetschgenschnaps von zu Hause einen kleinen Leiterwagen ein und zog ihn zum Güterbahnhof in Stuttgart. Von dort aus ging es nach Künzelsau. Nun konnte Mutter nach Belsenberg laufen und Obst und Kartoffeln ernten, ohne alles tragen zu müssen.

Meine Heimat Hohenlohe hat mich wieder! Künzelsau im Kochertal kurz nach dem Zweiten Weltkrieg.

Im Berg-Lazarett zog ich mir eine Nagelbettentzündung am rechten Ringfinger zu, die behandelt werden musste. Aber eine Schwester arbeitet auch mit Fingerschiene, vor allem wenn sie gerade erst wieder angefangen hat, sagte ich mir. Die Oberschwester sah das nicht gern, sie war eine »giftige Nudel«, doch zum Glück war ich nach einigen Tagen wieder einsatzfähig.

Unser Schlafraum lag im F-Bau – zwölf Betten standen in Reih und Glied, ohne Nachttische. Auf dem Flur nutzten wir gemeinsam einen Schrank. Die Putzfrau störte sich an meinem bunten Nackenkissen, aber wir hielten zusammen: Nach einigen Tagen lag auf jedem Bett ein andersfarbiges Kissen und damit zog auch mehr private Atmosphäre in den Raum ein.

Am 28. November 1945 erfolgte meine Schlussuntersuchung, die meinen Militärdienst beendete und mich ins Zivilleben entließ. Von nun an gehörten wir wieder ganz zum Mutterhaus. Auch mein Chef Doktor Winkler leitete wieder wie zuvor das Krankenhaus. Nun konnte für mich die Nachkriegszeit beginnen. Endlich!

Reihe ZEITGUT Programm-Auszug
Die fesselnde Geschichte des Alltags aus erster Hand

Nachkriegs-Kinder.
Kindheit in Deutschland 1945–1950
67 Geschichten und Berichte von Zeitzeugen
424 Seiten mit vielen Abbildungen,
Ortsregister, gebunden.
Band 2
ISBN 3-933336-01-5, EUR 18,90

Lebertran und Chewing Gum.
Kindheit in Deutschland 1945–1950
55 Geschichten und Berichte von Zeitzeugen
361 Seiten mit vielen Abbildungen,
Ortsregister, Chronologie, gebunden.
Band 14
ISBN 3-933336-23-6, EUR 18,90

Und weiter geht es doch.
Deutschland 1945–1950
45 Geschichten und Berichte von Zeitzeugen
361 Seiten mit vielen Abbildungen,
Ortsregister, Chronologie, gebunden.
Band 8
ISBN 3-933336-10-4, EUR 18,90

Schlüssel-Kinder.
Kindheit in Deutschland 1950–1960
46 Geschichten und Berichte von Zeitzeugen
336 Seiten mit vielen Abbildungen,
Ortsregister, Klappenbroschur.
Band 6
ISBN 3-933336-05-8, EUR 18,90

Weitere Informationen unter www.zeitgut.com

Reihe ZEITGUT   Programm-Auszug
Die fesselnde Geschichte des Alltags aus erster Hand

Von hier nach drüben.
Grenzgänge, Reisen und
Fluchten 1945–1961
40 Geschichten und Berichte von Zeitzeugen
352 Seiten mit vielen Abbildungen,
Ortsregister, Chronologie, gebunden.
Band 11.
ISBN 3-933336-13-9, EUR 18,90

Halbstark und tüchtig
Jugend in Deutschland 1950–1960
48 Geschichten und Berichte von Zeitzeugen
320 Seiten mit vielen Abbildungen,
Ortsregister, Chronologie, gebunden.
Band 17
ISBN 3-933336-17-1, EUR 18,90

Deutschland - Wunderland
Neubeginn 1950–1960
Erinnerungen aus Ost und West
368 Seiten mit vielen Abbildungen,
Ortsregister, Chronologie, gebunden.
Band 18
ISBN 3-933336-18-X, EUR 18,90

Mauer-Passagen.
Grenzgänge, Fluchten und Reisen
1961-1989
46 Geschichten und Berichte von Zeitzeugen
368 Seiten mit vielen Abbildungen,
Ortsregister, Chronologie, gebunden.
Band 19
ISBN 3-933336-19-8, EUR 18,90

Weitere Informationen unter www.zeitgut.com

Zeitzeugen-Erinnerungen gesucht

REIHE ZEITGUT

ZEITGUT ist eine zeitgeschichtliche Buchreihe besonderer Prägung. Jeder Band beleuchtet einen markanten Zeitraum des 20. Jahrhunderts in Deutschland aus der persönlichen Sicht von 35 bis 40 Zeitzeugen. ZEITGUT ergänzt die klassische Geschichtsschreibung durch Momentaufnahmen aus dem Leben der betroffenen Menschen.
Die Reihe ist als lebendiges und wachsendes Projekt angelegt. Herausgeber und Verlag wählen die Beiträge unabhängig und überparteilich aus. Die Manuskripte werden sensibel bearbeitet, ohne den Schreibstil der Verfasser zu verändern. Die Reihe wird fortgesetzt und thematisch erweitert.

Sammlung der Zeitzeugen

In der **Sammlung der Zeitzeugen** fassen wir autobiografische Einzelbüchmer zusammen, die ebenfalls das Leben in Deutschland im 20. Jahrhundert beschreiben. Die Bände ermöglichen einen tieferen Einblick in das Schicksal der Verfasser und gestatten es, deren Leben über längere Strecken zu verfolgen.

Manuskript-Einsendungen sind jederzeit erwünscht.

Zeitgut Verlag GmbH
Klausenpaß 14, D-12107 Berlin
Tel. 030 - 70 20 93 0
Fax 030 - 70 20 93 22
E-Mail: info@zeitgut.com